——————— 님의 소중한 미래를 위해
이 책을 드립니다.

주린이도 술술 읽는
친절한 환율책

주린이도 술술 읽는

친절한
환율책

환율 왕초보가 꼭 알아야 할 기본

임노중 지음

메이트북스

메이트북스 우리는 책이 독자를 위한 것임을 잊지 않는다.
우리는 독자의 꿈을 사랑하고,
그 꿈이 실현될 수 있는 도구를 세상에 내놓는다.

주린이도 술술 읽는 친절한 환율책

초판 1쇄 발행 2021년 10월 1일 | 지은이 임노중
펴낸곳 (주)원앤원콘텐츠그룹 | 펴낸이 강현규 · 정영훈
책임편집 유지윤 | 편집 안정연 · 오희라 | 디자인 최정아
마케팅 김형진 · 이강희 · 차승환 | 경영지원 최향숙 | 홍보 이선미 · 정채훈
등록번호 제301-2006-001호 | 등록일자 2013년 5월 24일
주소 04607 서울시 중구 다산로 139 랜더스빌딩 5층 | 전화 (02)2234-7117
팩스 (02)2234-1086 | 홈페이지 blog.naver.com/1n1media | 이메일 khg0109@hanmail.net
값 16,000원 | ISBN 979-11-6002-352-7 03320

투자는 이성적으로 해야 한다.
이해할 수 없으면 투자하지 마라.

• 워런 버핏(미국의 전설적인 투자가) •

환율을 알아야
돈의 흐름이 보인다

우리는 현재 초고도로 개방된 사회에 살고 있다. 전 세계가 하나의 국가처럼 물자와 사람이 자유롭게 이동하고 있다. 우리는 극히 제한된 나라를 제외하고 세계 어느 나라 어디든 갈 수가 있다.

우리나라의 경우 한해 출입국자 수가 연간 3,000만 명을 넘는다. 그만큼 많은 사람들이 사업이든 여행을 목적으로든 해외를 다녀온다. 누구나 한 번쯤은 해외여행 경험을 가지고 있을 것이다.

해외에 나가기 위해 항공권 구매 외에 필히 거쳐야 하는 것이 환전이다. 우리나라 화폐인 원화는 국제적으로 통용되는 화폐가 아닌 지역화폐이기 때문이다. 해외에서 물품을 구매하기 위해서는 국제통화나 현지통화로 교환을 해야 한다.

환전은 원화를 달러화, 유로화 등으로 교환하거나 외국화폐를 원화로 교환하는 것을 말한다. 환전은 은행 창구에서 누구나 쉽게 할 수 있다. 그렇지만 환전시 환율이 적용된다. 환율은 우리 화폐인 원화와 외국화폐를 주고받는 비율이다. 환율은 2국 통화의 교환비인 것이다.

2국 통화가 거래되는 시장이 외환시장이다. 외환시장과 관련한 환율은 현물환율, 선물환율, 스왑레이트, 크로스레이트, 재정환율 등의 많은 개념들이 있다. 이것들을 모두 깊이 있게 이해하기란 쉽지가 않다. 이런 개념들에 대한 깊이 있는 내용은 대학 전공과목에서나 공부할 내용이다. 이 책에서는 환율이 무엇이고 어떻게 움직이며 우리가 재테크 수단으로 외환을 어떻게 활용해야 하는지를 다루었다.

이 책은 총 6개 장으로 구성되어 있다. 1, 2장에서는 주식 초보자가 꼭 알아야 될 환율 기초와 환율 변동이 국가경제와 기업 등에 미치는 영향, 환율과 주가의 관계를 다루었다. 현대인에게 외환은 선택이 아닌 필수 사항으로, 특히 유학 자녀를 둔 가계에서는 환율 변동에 민감할 수밖에 없다. 3장에서는 미국 달러화, 일본 엔화, 중국 위안화 등의 환율 변동에 따른 투자메커니즘을 다루었다. 해외자산에 투자시 투자수익뿐만 아니라 환율 변동에 따른 위험에 노출된다. 해외투자에 있어서 환율과 투자메커니즘에 대한 지식이 필수적이다.

4장에서는 달러-원 환율, 위안화, 엔화 등의 방향성에 대해 살펴보았다. 혹자들은 "주가는 신도 모른다"고 한다. 그렇지만 주가 예측보다 더 어려운 것이 환율 예측이다. 환율은 경기상황, 각국의 통화정책 등 수많은 요인에 영향을 받고, 특히 환율이 급등락할 경우 경제의 위험도가 높아진다는 점에서 정부의 안정화 노력도 외환시장에서 중요한 요인이다.

5장에서는 헤지펀드가 세계 금융시장에서 어떻게 수익을 내고 있는지 알아보고, 일반투자자들은 투자수단으로 외환을 어떻게 활용할 수 있는지를 다루었다. 외환의 투자수단으로는 달러화 예금, FX마진거래, 달러화 ETF 등이 있다. 6장에서는 1·2차 세계대전을 거치면서 달러화 기축통화시대가 열리게 된 과정, 1985년 플라자합의, 1997년 우리의 외환위기의 빛과 그림자, 미-중 무역분쟁 등을 다루었다.

2021년 7월 현재 1,150원선으로 상승한 달러-원 환율이 어느 수준인지 실질실효환율 측면에서 점검했다. 한편 국내경제에 코로나19로 인한 악영향은 지속되고 있다. 다국적제약사인 화이자, 모더나 등이 코로나19 백신을 개발했고, 미국·영국 등에 이어 우리나라에서도 백신접종이 진행되고 있지만 1~2년 내에 코로나 상황이 종식되기는 어려울 것 같다. 앞으로도 현재와 같은 어려운 상황이 상당기간 지속될 것이다.

코로나19 상황이 국내에서 가장 취약한 자영업 부문에서 위기를 촉발할 가능성도 있다. 자영업 위기가 현실화될 경우 가계신용위기 전반으로 전이될 수도 있다. 2008년 글로벌 금융위기는 외부에서 촉발된 위기였지만 이번에는 자영업대출, 기업부실, 가계신용 등 내부에서 위기가 발생할 수 있다. 이 책이 혹시라도 다가올 큰 위기를 대비하는 데 도움이 되었으면 한다.

끝으로 이 책의 집필에 많은 도움을 준 우리 가족과 하나금융투자증권 리서치센터 나중혁 팀장, 사학연금관리공단 대체투자실 김창호 팀장께 진심으로 감사 드린다.

임노중

차례

1장 | 환율, 이보다 더 쉬울 수 없다

6장 | 세상에서 가장 재미있는 환율 이야기

환율은 각국의 돈의 가격으로 2국 통화의 교환비다. 1989년 이후 해외여행 및 외환자유화 진전으로 우리는 환율에 대한 민감도가 높아졌다. 1장에서는 환율은 무엇이며, 우리가 왜 환율에 대해 알아야 하는지를 다루었다. 또한 미국 달러화와 위안화가 약세일 때 이들 국가들의 자산에 어떻게 투자해야 할지, 주가와 환율은 어떤 관계를 가지는지, 환율 관련 기본적인 용어 등에 대해서 설명했다.

1장

환율,
이보다 더
쉬울 수 없다

환율이란
도대체 무엇인가?

모든 물품에는 가격이 있다. 환율은 미국 돈인 달러를 사거나 팔 때 우리 돈인 원화를 얼마나 지불하거나 받아야 할지를 규정한 것이다. 환율은 돈의 가격으로 2국 통화의 교환비이다. 환율도 가격이기 때문에 수요와 공급에 의해 결정되고 실시간으로 변동한다.

환율은
각국 돈의 가격이다

우리는 언론을 통해 매일 환율 이야기를 듣는다. 방송사마다 저녁 뉴스 말미에 오늘의 금융시장 소식에서 환율 이야기를 빼놓지 않는다. 그만큼 환율은 일반인들에게 관심이 높은 뉴스라는 이야기다. 최근 들어서는 재테크 수단으로 국내외 자본시장*이 크게 부각됐고, 이로 인해 환율의 중요성은 더욱 커졌

> **자본시장**: 기업이 필요한 자금을 조달하는 시장으로 주로 주식시장과 채권시장을 지칭함

다. 환율은 무엇을 의미하는 것일까?

모든 물품에는 가격(price)이 있다. 우리는 물건을 사고팔 때 가격을 통해 거래한다. 가격은 수요와 공급에 의해 결정된다. 만약 일기불순으로 배추가 흉작이라면 배추 공급이 줄어들고, 배추가격이 상승한다. 환율은 외국 돈과 우리 돈이 교환할 때 적용하는 가격이다. 즉 환율은 돈의 가격이라고 보면 된다.

우리가 미국 돈인 달러를 사고팔 때, 우리 돈인 원화를 얼마나 주고 미국 달러를 얼마나 받아야 할지, 아니면 미국 달러화를 얼마를 주고, 우리 돈인 원화를 얼마를 받을지 규정한 것이 환율이다. 즉 환율은 2국 통화의 교환비이다. 만약 달러-원 환율이 1,100원이라면, 우리는 미국통화 1달러를 얻기 위해서 우리 돈 원화를 1,100원에 지불해야 한다.

환율은 두 나라 통화의
교환비이다

환율도 가격이기 때문에 수요와 공급에 의해 결정된다. 환율을 결정하는 곳이 외환시장이다.

만약 미국통화인 달러화에 대한 수요가 증가하거나 국내에 달러화 공급이 줄어들게 되면 달러화 가치가 상승한다. 반대로 미국 달러화 공급이 늘어나면 달러화 가치가 하락한다. 미국 달러화 가치가 상승할 경우 1달러를 얻기 위해서 기존보다 원화를 더 많이 지불해

야 한다. 즉 미국 1달러를 얻기 위해서 기존
에는 우리 돈인 원화를 1,100원을 지불하면
됐지만, 달러화 가치가 상승할 경우 우리 돈
1,100원 이상을 지불해야 미국통화인 1달러
를 얻을 수 있게 된다. 달러화 가치가 하락

> **기준통화**: 대미달러 환율을 ₩/$로 표기하는데, 기준이 되는 미국 달러화($)를 기준통화라고 지칭함

할 경우 1달러를 얻기 위해 우리 돈인 원화를 기존보다 적게 지불
한다.

우리의 경우 원화와 외국통화의 환율을 표기할 때 일반적으로 외
국통화를 기준통화*로 삼는다. 즉 1달러 대비 원화 1,100원으로 표기
한다. 1원 대비 달러화 얼마로 표기하지는 않는다. 따라서 달러화 가
치가 상승할 경우 달러-원 환율은 상승하고, 달러화 가치가 하락할
경우 달러-원 환율은 하락한다.

달러화 가치 상승, 원화 가치 하락: 달러-원 환율 1,100원 → 1,200원

달러화 가치 하락, 원화 가치 상승: 달러-원 환율 1,100원 → 1,000원

환율은 2국 통화의 교환비이기 때문에 독자적인 화폐를 가지고 있
는 모든 국가는 적용 환율이 있다. 주요국 통화의 대원화 환율은 원/

▶표 1-1 주요국 대원화 환율

	미국($)	일본(100¥)	유로(EUR)	중국(CNY)	영국(GBP)	캐나다(CAD)
한국(₩)	$/₩	¥/₩	EUR/₩	CNY/₩	GBP/₩	CAD/₩
환율(원)	1,166.50	1,061.56	1,381.95	181.48	1,619.10	926.10

주: 주요국 환율은 2021년 9월 10일 기준

달러, 원/유로, 원/엔, 원/위안으로 표기한다. 또한 유로화와 미국 달러화 환율은 달러/유로, 미국 달러화와 일본 엔화의 환율은 엔/달러, 미국 달러화와 중국 위안화 환율은 위안/달러로 표기한다.

우리는 왜 환율에 대해
알아야 하는가?

우리가 환율에 대해서 알아야 하는 것은 외환자유화 등으로 환율과 연관성이 커지기도 했고, 재테크를 위해서는 환율 공부가 필수적이기 때문이다.

일반인들도 환율에 대한
민감도가 높아졌다

과거에 환율은 정책당국, 외환 딜러, 기업의 재무담당자 등 일부에서만 관심의 대상이었다. 이는 많은 사람들이 환율과 관련성이 없었기 때문일 것이다. 그러나 이제 상황이 크게 달라졌다. 일반인들도 환율에 대해서 알아야 한다. 대부분의 사람들이 직간접적으로 환율과 관련성이 높아졌기 때문이다. 1989년부터 시행된 해외여행 자유화와 1999년부터 단계적으로 이루어진 외환자유화*가 우리가 환율과 관련성이 커지게 된 계기가 됐다.

1989년 이전에는 해외여행이 자유화되어 있지 않았고, 달러화를 자유롭게 교환할 수도 없었기 때문에 대부분의 사람들이 환

율에 별 관심이 없었다. 그러나 해외여행이 자유화된 이후 현재 연간 출국자수가 3,000만 명이 넘어서고 있다. 우리나라 인구가 5,000만 명임을 감안할 때 성인 누구나 한 번쯤은 해외여행 경험을 가지고 있을 것으로 생각된다. 해외에 나가기 위해서 항공권 구매 외에 꼭 필요한 것이 환전이다. 환전은 우리나라 화폐인 원화를 주고 외국화폐, 즉 미국 달러화나 방문하고자 하는 현지 통화로 교환하는 것을 의미한다. 물론 외국통화를 원화로 교환하는 것도 환전이다.

환전은 은행창구를 방문하면 된다. 과거에는 환전 업무가 외환은행으로 제한되어 있었지만, 지금은 모든 은행이 환전 업무를 취급한다. 은행예금창구에 가서 원화를 주고 달러화나 엔화 등 국제적으로 통용되는 화폐를 바꿔 달라고 하면 된다. 환전은 누구나 쉽게 할 수 있다.

실시간으로 변동하는 것이 환율이다

우리나라 통화와 외국통화의 교환비율이 환율이라고 앞에서 이야기했다. 환율은 가격이기 때문에 고정된 것이 아니라 실시간으로 움

직인다. 따라서 환율 수준에 따라 지불해야 하는 원화의 금액이 크게 차이가 난다.

만약 미국 달러화 1,000달러를 교환하는데, 달러-원 환율이 1,000원과 1,100원일 때를 가정해보자(여기서 환전수수료는 없다고 가정). 미국 달러화 1,000달러를 얻기 위해서 환율 1,000원 일 때는 원화 100만 원이 필요하지만, 환율 1,100원 일 때는 원화 110만 원이 필요하다. 이처럼 환전은 시점이 중요하다. 작은 금액을 환전할 경우 환율이 크게 영향을 미치지 않지만, 큰 금액을 환전할 경우 환율 수준에 따라 금액 차이가 크게 난다.

또한 해외여행이 자유화되면서 해외유학도 일반화되었다. 이에 따라 해외유학 자녀를 둔 가정은 환율에 민감할 수밖에 없다. 환율 변동이 가정경제에 큰 부담을 줄 수 있기 때문이다. 1997년 IMF 외환위기 시기와 2008년 글로벌 금융위기 시기에 달러-원 환율이 급등했었다. 이 시기에 환율 급등 부담으로 유학을 포기하는 가정도 많았을 것이다.

1997년 IMF 외환위기시 연초 달러-원 환율은 940원 수준이었지만, 연말 2,000원선으로 급등했다. 이 같이 환율이 급등할 경우 유학비가 크게 증가한다. 달러-원 환율 940원에서 유학중인 자녀에게 매달 5,000달러를 보내기 위해서는 원화 470만 원이 필요했지만, 환율이 2,000원으로 급등했다면 5,000달러를 보내기 위해서는 원화 1,000만 원이 필요하다. 이처럼 달러-원 환율 급등은 유학자녀를 둔 가정의 경제적 부담을 크게 증가시킨다.

환율은 투자수익에
직간접적으로 영향을 크게 미치는 요인이다

외화예금: 국내인(개인, 기업, 6개월 이상 국내 거주 외국인)이 달러화, 엔화, 위안화 등 외국화폐로 보유한 은행예금을 지칭함

환율은 재테크 수단으로 직접 활용되거나, 재테크시 간접적으로 수익에 영향을 주는 요인이다. 우리는 1997년 IMF 외환위기에 달러화를 보유하고 있던 투자자들이 환율 급등으로 큰 수익을 얻은 경험을 가지고 있다. 이런 경험으로 인해 2021년 5월 현재 개인의 외화예금* 잔액은 200.7억 달러로 증가했다. 달러화 예금의 경우 환율 변동이 직접적으로 손익을 발생시킨다.

몇 년 전부터 해외주식과 해외채권에 대한 투자가 붐을 이루고 있다. 여기에는 일반인들이 해외주식을 사고팔 수 있도록 한 증권사들의 시스템 구축이 일조했다. 해외증권투자시 환율은 매우 중요한 고려사항이다. 환차 손익에 따라 전체 투자수익이 좌우될 수도 있다. 몇 년 전 모 증권사가 절대수익이 높은 브라질 채권에 투자를 했다가 브라질 통화인 헤알화 급락으로 큰 손실을 본 적이 있다.

해외투자와 관련한 또 다른 예는 2007년 미래에셋자산운용이 만들어 판매한 인사이드펀드이다. 미래에셋자산운용은 브릭스에 투자하는 인사이드펀드로 조성한 자금을 중국 주식에 투자했고, 2008년 글로벌 금융위기로 중국 주가가 폭락했다. 중국 주가 폭락으로 투자손실이 크게 발생했지만, 당시 달러-원 환율이 급등해 환차익이 크게 발생해 과세문제가 이슈화되기도 했다.

코로나19 발생 이후 자본시장의 두드러진 특징은 국내 주가가 사상 최고치를 경신하는 랠리가 이어졌다는 점이다. 코로나19가 세계경기 침체를 야기했지만, 세계 각국의 유동성 확대*가 세계주가 상승을 견인했다. 환율은 주식시장에도 영향을 크게 미치는 변수이다. 이는 외국인 투자자금이 투자수익뿐만 아니라 환차익을 쫓아 움직이고, 기업들의 수익에 직접 영향을 미치기 때문이다.

> 유동성 확대: 중앙은행은 금리 인하 등을 통해, 정부는 재정확대를 통해 시중에 유통되는 화폐의 양을 증가시키는 행위

> 고객예탁금: 개인 등이 주식을 사기 위해 증권회사에 현금으로 보유하고 있는 금액

2020년 초 코로나 발생 이후 각국 정부와 중앙은행의 저금리와 유동성 확대로 인해 주식투자 인구가 크게 증가했다. 2021년 8월 5일 현재 주식활동계좌는 5,002.6만 개로 사상 최고를 기록하고 있고, 고객예탁금*은 70.0조 원에 이르고 있다. 주식활동계좌는 10만 원 이상 잔고가 있는, 6개월 내 한 차례 이상 거래한 적이 있는 증권계좌를 말한다. 우리나라 인구수를 감안할 경우 성인 인구의 대부분이 주식계좌를 가지고 있다는 이야기다. 2020년 초 이후 주식투자 광풍과 더불어 동학개미운동, 주린이라는 신조어까지 등장하게 됐다.

우리는 물자와 사람의 이동이 자유로운 21세기 초개방화시대에 살고 있고, 외환자유화로 해외주식·해외채권·해외부동산 등에 대한 투자가 자유로워졌다. 성인 인구 대부분이 주식에 투자할 정도로 주식투자 인구가 급증하고 있다. 또한 많은 가정에서 유학자녀를 두고 있다. 이제는 일반인들도 환율 변동에서 자유로울 수 없고, 환율 공부가 필수적이게 됐다.

달러가 약세일 때 미국 주식에
투자해도 괜찮을까?

일반적으로 달러화 약세 구간에서 미국 주가는 상승했다. 달러화 약세 시기에 미국 주가 상승에 따른 수익률이 환차손을 크게 상회한다. 오히려 달러화 강세국면에서 주가 하락에 따른 손실이 환차익을 상회해 미국 달러화 자산의 투자에서 손실이 발생할 가능성이 높다.

미국 주식에 투자시
환율 변동 위험과 투자수익을 고려해야 한다

해외증권투자시 2가지 사항을 고려해야 한다. 하나는 환율 변동에 따른 위험이고, 다른 하나는 투자증권의 수익이다. 환율은 실시간으로 변동하기 때문에 환율 변동으로 인해 환차손익이 발생한다. 미국 달러화 자산에 투자시 달러화가 약세를 나타낼 경우 환차손이 발생하고, 달러화가 강세를 나타낼 경우 환차익이 발생한다. 그러므로 해외증권투자에서 수익은 환차손익과 투자대상증권의 손익을 합산해 잘 따져봐야 한다. 앞서 언급한 모 증권사가 절대수익률이 높은 브라질채권에 투자했다가 브라질통화인 헤알화 하락으로 큰 손실을 본 경우가 환율 변동에 따른 위험을 잘 말해주고 있다.

미국 달러화 자산에 투자시 달러화 강세와 투자대상증권의 상승이 동시에 나타날 경우 안정적인 투자수익을 얻을 수 있다. 그러나 미국의 달러화 강세와 증시 상승이 동반하는 경우는 드물다. 일반적으로 달러화가 약세일 때 미국 주가가 상승하는 반면, 달러화가 강세일 때 미국 주가가 하락한다. 그런데 달러화 약세와 강세는 어떤 경우에 나타나는 것일까?

달러화 약세는 세계경제가 회복, 상승하는 시기, 즉 글로벌 경제 및 금융시장이 안정적인 성장을 나타내는 시기에 나타난다. 반면 달러화의 급속한 강세는 세계경제 및 금융시장의 위기시에 흔하게 나타난다. 이러한 달러화 움직임에는 미국 달러화 자산에 대한 선호도가 크게 영향을 주기 때문이다.

세계경제 및 금융시장이 안정적인 성장을 나타내는 시기에는 달러화 자산에 대한 선호도가 약해진다. 반면 세계경제 및 금융시장에서 불안감이 커지는 시기에는 달러화 자산에 대한 선호도가 강해진다. 이러한 현상은 미국 달러화 자산이 안전자산으로 취급되고 있기 때문이다.

대표적인 달러화 강세 시기는 2008년 글로벌 금융위기가 닥쳤을 때와 코로나19가 세계경제 및 금융시장에 불안감을 증폭시켰던 2020년 1/4분기였다. 한편 2020년 3월 이후 달러화가 약세를 나타냈는데, 이 시기에는 코로나19가 세계경제 및 금융시장에 충격을 줌에 따라 세계 각국 정부와 중앙은행이 서둘러 재정을 확대했고, 금리 인하와 더불어 유동성을 풀면서 세계경제 및 금융시장이 빠르게 안정을 찾아간 시기이다.

한편 달러화 약세시기에 세계경제 및 금융시장이 성장하는 시기라는 점에서 미국 증시를 비롯해 전세계증시가 상승한다. 반면 달러화의 급속한 강세는 글로벌 경제 및 금융시장이 위기시에 발생한다는 점에서 주가가 하락했다. 일반적으로 달러화 약세 시기에 주가가 상승했고, 달러화 강세 시기에 주가가 하락했다. 따라서 미국 달러화 약세로 인해 환차손이 발생하더라도 주가 상승으로 인한 수익이 환차손을 상회한다는 점에서 달러화 약세 시기에 미국 증시에 투자하는 것이 유리하다.

코로나19 이후 미국 투자수익이 환차손을 크게 상회했다

> 연방준비제도(Federal Reserve System): 통화정책과 은행, 금융기관 감독 역할을 하는 미국의 중앙은행. 통상적으로 '연준(FED)'이라고 지칭

코로나19 발생 이후 글로벌 금융시장의 특징은 미국 달러화가 약세를 나타낸 반면, 미국 증시를 비롯해 글로벌 증시는 크게 상승했다는 점이다. 여기에는 미국 정부와 미 중앙은행인 연방준비제도*의 노력이 주효했다. 미국 정부는 2020년 3월에 2.2조 달러의 경기부양책을 실시했으며, 중앙은행인 연준에서도 긴급 이사회를 열어 기준금리를 제로

수준으로 인하하는 동시에 국채, 주택, 상업용 모기지담보증권 등의 자산매입 프로그램을 무제한으로 확대했다. 2021년 바이든 정부 들어서도 약 1.2조 달러의 인프라투자에 민주당과 공화당이 합의한 상황이다.

이번 코로나19로 인한 미국정부의 경기부양규모는 2008년 글로벌 금융위기시 1.75조 달러를 크게 상회하고 있다. 그만큼 코로나19가 초래한 사회적·경제적 충격은 크다고 할 수 있다. 이러한 미국 정부의 경기부양 노력이 주가 상승과 달러화 약세 요인이 되고 있다.

세계 주요 6개국 통화와 비교해 평균적인 가치를 나타내는 달러화 인덱스는 코로나19 발생 초기인 2020년 3월에 103.60으로 급등한 이후 2021년 1월 89.40까지 하락했다. 한편 미국 다우지수와 나스닥

▶ **그림 1-1** 미국 나스닥지수

자료: 교보증권

지수는 코로나 발생 이후 단기적으로 급락한 이후 잇따라 사상 최고치를 기록하는 상승세를 나타냈다. 다우지수와 나스닥지수는 2021년 9월 10일 현재 2020년 3월 저점 대비 각각 90.0%, 127.9% 상승했다.

코로나19가 발생한 이후 달러화 인덱스*가 10.8% 하락했지만, 미국의 다우지수, 나스닥지수 상승률이 달러화 인덱스 하락률을 크게 상회하고 있다. 코로나 발생 이후 미국 달러화 약세에도 불구하고 미국 주식투자를 했다면 큰 수익을 얻었을 것이다.

> 달러화 인덱스: 세계 주요 6개국 통화 대비 달러화의 평균적 가치를 나타내는 지표이다. 6개국 통화는 유로, 엔, 파운드, 캐나다 달러, 크로네, 프랑이며, 각 통화의 비중은 그 국가의 경제 규모에 따라 결정된다. 달러화 인덱스가 상승하면 달러화 가치 상승을, 하락하면 달러화 가치 하락을 나타낸다. 2021년 7월 기준 달러화 인덱스는 92.97로 상승함

향후 미국 달러화는 강세를 나타낼 가능성이 높고 그에 따라 주가는 하락할 가능성이 높다

미국 주식투자에는 신중해야 할 것으로 보인다. 향후 글로벌 금융시장의 핵심 화두는 인플레이션과 각국 중앙은행의 긴축 여부이다. 코로나19 발생 이후 전 세계적인 유동성 확대로 인해 물가 상승이 본격화되고 있다. 브라질, 터키 등 일부 국가에서 이미 기준금리를 인상했고, 미국에서도 양적완화를 축소하는 테이퍼링에 대한 목소리가 나오고 있다.

이로 인해 미국 달러화 움직임에도 변화의 조짐이 보이고 있다. 달

▶ **그림 1-2** 미국 달러화 인덱스

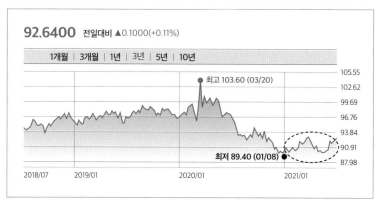

92.6400 전일대비 ▲0.1000(+0.11%)

| 1개월 | 3개월 | 1년 | 3년 | 5년 | 10년 |

최고 103.60 (03/20)

최저 89.40 (01/08)

105.55
102.62
99.69
96.76
93.84
90.91
87.98

2018/07   2019/01   2020/01   2021/01

자료: Naver

러화 가치를 나타내는 달러화 인덱스는 2021년 5월을 저점으로 점진
적인 상승세를 나타내고 있다. 향후 미국 연방준비제도이사회(이하, 연
준리)에서 테이퍼링과 더 나아가 금리 인상 논의가 본격화될 경우 달
러화는 급속히 강세를 나타낼 것이다.

미국 경기는 아직 회복단계에 있고, 코로나 백신 접종이 이루어지
고 있지만, 변이 바이러스 출현으로 백신이 코로나19를 잠재우기는
어렵다. 코로나 상황은 상당 기간 지속될 수밖에 없을 것이다. 이러
한 가운데 미국 개별주식의 밸류에이션*이 크게 높아졌다. 미국 다
우, 나스닥지수 모두 연일 사상 최고치를 경
신함에 따라 가격 부담이 높아졌다. 실제 미
국 기술주들이라고 이야기하는 애플, 마이
크로소프트, 아마존 등의 주가수익비율(PER)

> **밸류에이션:** 현재 기업
> 의 가치를 판단해 적정
> 주가를 산정해내는 것을
> 의미함

이 30배를, 특히 테슬라의 경우 600배를 상회하고 있다.

향후 미국 달러화가 강세를 나타내고, 주가가 하락할 가능성이 높다. 달러화가 강세를 나타낼 경우 환차익이 기대되지만, 주가 하락이 예상되는 만큼 미국 증권투자에서 손실이 발생할 가능성이 높다. 현재와는 반대의 상황이 벌어질 것으로 예상된다. 그러므로 미국 증권투자에는 신중해야 할 것이다.

위안화가 약세일 때
중국 주식에 투자해도 좋을까?

중국은 관리변동환율제도를 채택하고 있어 환율 변동은 그다지 크지 않지만, 중국 경제의 장기성장성에 의문이 제기되고 있는 만큼 중국 투자에는 신중해야 할 것으로 생각된다.

중국 주식투자에는 미중 무역분쟁 등
많은 불안요인들이 있다

중국 주식투자시 여러 가지 고려해야 할 사항이 있다. 중국 주식투자에 있어 위안화 환율도 중요하지만, 보다 근본적으로는 '중국경제가 과거와 같은 높은 성장성을 유지할 수 있을 것인가'와 '미-중 무역분쟁이 원만하게 마무리될 것인가' 등에 대한 고찰이 필요하다.

중국경제는 글로벌 금융위기가 발생하기 전인 2007년까지 고도성장을 유지했지만, 2010년 이후 성장률이 급속히 낮아졌다. 2020년의

▶ 그림 1-3 중국 경제성장률

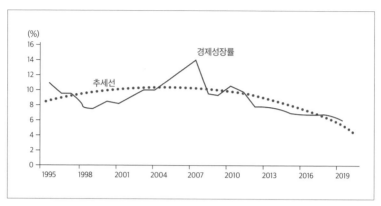

자료: 중국 국가통계국

잠재성장률: 한 나라가 노동과 자본을 투입해 물가 상승을 유발하지 않으면서 이룰 수 있는 최대의 경제성장률을 의미함

디플레이션 갭: 총수요가 총공급을 밑도는 수준으로, 총수요부족으로 인해 향후 경기부진과 물가 하락이 예상됨

경우 코로나19 사태로 경제적 어려움이 불가피했지만, 중국경제는 코로나19가 발생하기 전인 2016년부터 6%대 성장률을 나타냈다. 중국의 잠재성장률*을 고려할 때 6%대 경제성장률은 디플레이션 갭*이 존재하는 수준이다.

중국경제에 큰 부담을 주고 있는 것이 미-중 무역분쟁이다. 2017년 8월부터 시작된 미-중 무역분쟁이 최근 중국의 경제성장률을 낮추는 요인이다. 뒤에서 미-중 무역분쟁을 구체적으로 다루겠지만, 미국 바이든 정부에서도 미-중 무역분쟁은 쉽게 끝날 것 같지 않다. 이는 근본적으로 중국이 미국으로부터 대규모 무역수지 흑자를 기록하는 미-중 간의 무역 불균형*이 지속되고 있고, 또한 중국이 지적재산권 침해, 기술탈취, 환율 조작 등 세계규범에서 벗어나는 일들을 많이 행하고 있기 때문이다. 중국은 미-중 무역분쟁에서 패할 수밖에 없고, 규범과 시스템을 중요하게 여기는 민주당 바이든 정부는 중국을 더욱 강하게 압박할 가능성이 있다.

> **무역 불균형**: 두 국가 사이에 수출과 수입이 큰 차이를 보이는 것으로, 한 국가에서 일방적으로 무역수지 흑자나 적자가 지속되는 상태를 말함

중국경제는 코로나19 충격으로 2020년 1/4분기에 -6.8% 성장했지만, 2020년 연간으로는 2.3% 성장했다. 2020년 중국은 낮은 성장률을 나타냈지만, 코로나19 충격을 감안할 경우 세계적으로 몇 안 되는 플러스성장을 보인 국가이다. 중국경제가 2020년 하반기부터 빠른 회복세를 나타내고 있고, IMF도 2021년 중국경제성장률 전망치를 8.4%로 제시하고 있다. 그러나 2022년에는 기저효과가 사라짐으로써 성장률이 5.6%로 낮아질 것으로 전망했다. 이처럼 코로나19로 중국경제는 2020년 이후 부침이 있지만, 기조적으로 경제성장률이 둔화되는 양상이다.

또한 2020년 하반기 들어 중국 국영기업들의 연쇄 디폴트가 나타나고 있다. 11월 10일 융청석탄전력 10억 위안 회사채 디폴트, 11월 16일 화천자동차 65억 위안 회사채 디폴트, 11월 17일 칭화유니그룹 13억 위안 회사채 디폴트 등 2020년 회사채 디폴트 규모는 약 110건의 1,263억 위안에 이를 것으로 추정되고 있다. 칭화유니그룹은 중국의 반도체 굴기의 상징으로 자회사가 588개, 상장 자회사만도 36개를 가지고 있다. 이처럼 많은 국영기업들에서 경영이 지속 가능한지

의문이 제기되고 있다.

코로나19 발생 이후 중국의 위안화 환율 움직임을 보면 미국 달러화와 원화 모두에 대해서 강세를 보이고 있다. 미국이 중국에 대해 환율 조작국 지정을 취소하는 등 미-중 무역분쟁에 대한 불안감이 완화됐고, 중국의 대미무역흑자 지속, 미국의 대규모 유동성 공급 등이 위안화 강세 요인으로 작용했다. 한편 위안화가 원화에 대해서 강세를 보이고 있는 것은 국내 주식시장에서 외국인 자금 이탈이 지속됐기 때문이다.

중국 주식투자에는
신중해야 한다

중국의 주가도 코로나19가 충격을 주었던 2020년 3월을 저점으로 상승하고 있다. 그렇지만 중국의 주가 상승은 세계주가 상승과 비교할 때 상승률이 낮다. 중국 상해종합주가지수는 2021년 9월 10일 현재 3703.11p로 2020년 3월 저점 대비해서 39.9% 상승했지만, 2007년 10월 고점인 6124.04p와 비교할 때 상당히 낮은 수준이다. 반면 미국·한국 등의 주가가 사상 최고치를 경신하고 있고, 일본 주가도 30년 내 최고치이다.

만약 2020년에 중국 주식에 투자했다면 미국이나 여타 국가에 대한 투자에 비해 수익률이 낮을 수밖에 없다. 2020년에 중국 주식이 여타 국가의 주가에 비해 상승률이 낮다는 점에서 향후 주가 상승이

▶ 그림 1-4 중국 상해종합지수

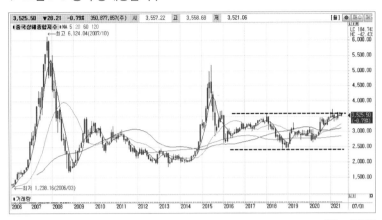

자료: 교보증권

강하게 나타날 가능성도 있다. 이는 다른 국가에 비해 주가가 상승하지 못했기 때문에 가격 메리트가 부각될 수 있기 때문이다. 그러나 현재 중국경제가 코로나19 충격에서 벗어나 세계에서 가장 빠르게 회복되고 있다고는 하지만, 중국 주식시장을 보면 글로벌 투자자들은 그렇게 평가하지 않은 것 같다.

중국의 주가 상승이 약한 것은 기업 부실의 현실화, 정부의 기업경영에 대한 관여, 미-중 무역분쟁 등에 기인하고 있다. 중국경제에서는 그동안 고성장의 후유증이 현실화하면서 장기 성장성에 의문이 제기되고 있다. 중국의 환율제도는 일일변동폭이

관리변동환율제: 고정 환율제와 자유변동환율제의 중간 단계로, 대부분의 국가가 변동환율제도를 채택하고 있으나 현실적으로 완전한 자유변동환율제도를 시행하는 나라는 거의 없다. 자국화폐의 환율 결정을 외환시장의 수급에만 의존하지 않고 정부가 직간접적으로 규제하는 환율 시스템을 지칭

±2%로 제한하는 관리변동환율제*이다. 우리나라처럼 환율 변동을 완전히 시장에 맡긴 자유시장변동환율제도가 아니다. 따라서 환율 변동에 따른 위험은 그리 크지가 않다.

그러나 중국에 대한 미국의 제재가 쉽사리 풀릴 것 같지 않고, 중국경제의 장기성장성에 의문이 제기되고 있다. 그러므로 중국 주식 투자에는 신중해야 할 것으로 생각된다.

주가와 환율은
어떤 관계를 가지는가?

환율과 주가는 역의 상관관계를 보여주고 있다. 세계경제 위기상황에서는 외국인 자금 이탈과 국내 수출 감소가 주가 하락과 환율 상승을 야기한다. 반대의 경우에는 외국인 자금 유입으로 주가가 상승하고 환율이 하락한다. 그러나 환율과 주가는 시차를 두고 영향을 미치는 변수로 봐야 한다.

주식시장은 기업들이 필요자금을
안정적으로 조달하는 곳이다

앞서 환율은 2국 통화의 교환비율이라고 했다. 환율은 각국 화폐의 가격으로 수출입기업들이 재화와 용역을 해외에서 사거나 팔 때 적용된다. 한편 주식시장은 기업들이 필요자금을 조달하는 곳이다. 기업들은 공장건설, 기계설비, 연구개발 등 기업활동을 수행하기 위해 대규모 자금이 필요하다. 이 필요자금을 주식시장 등 자본시장을 통해 조달한다.

자본시장이 미발달되어 있는 경우 기업들은 필요자금을 은행 등으로부터 차입을 통해 직접 조달해야 한다. 2000년 이전 우리 기업들은 필요자금을 금융기관 차입에 크게 의존했었다. 당시 기업들이 필요자금을 차입에 의존하다 보니 높은 부채비율로 인해 도산하는 경우가 자주 발생했다.

주식시장은 기업들에게 안정적인 자금 조달 통로가 되며 연기금, 보험, 은행 등에게는 투자수단을 제공한다. 주식시장은 경제의 동맥과 같은 곳이다. 이런 측면에서 주식시장을 자본시장의 꽃이라고 한다.

환율은 재화와 용역의 수출입에 적용되는 2국통화의 교환비이고, 주식시장은 기업들의 필요자금을 안정적으로 조달하는 곳이라는 점에서 볼 때 환율과 주식시장은 별 연관성이 있어 보이지는 않는다. 그러나 가격 측면에서 환율과 주가의 관계를 볼 필요가 있다.

환율과 주가는
역의 상관관계를 보인다

연기금, 보험, 개인 등은 주식시장을 통해 기업들에게 자금을 공급하는 주체들이다. 이들은 주식시장에 자금을 공급하고, 공급한 자금만큼 주식을 보유한다. 주식을 보유한다는 점에서 투자자들은 기업의 주주들이다.

투자자들이 주식을 보유하는 목적은 주식 자체가 아니다. 일부 투

자자들은 경영참여를 목적으로 하고, 대부
분의 투자자들은 수익을 목적으로 주식을
보유한다.

자본이득: 보유 주식의 주가 상승을 통해 얻는 이득

투자자들이 주식을 보유함으로써 얻는
수익은 2가지 경로를 통해 발생한다. 하나는
보유주식의 가치가 상승해서 얻는 자본이
득*이고, 다른 하나는 기업들의 배당에서 얻

배당소득: 기업의 이익 분배로 발생하는 소득

는 배당소득*이다. 환율은 기업들의 주가와 배당에 영향을 미치는 변
수이다.

달러-원 환율과 종합주가지수의 관계를 보면 대체적으로 역의 상
관관계를 보여주고 있다. [그림 1-5]에서 보듯이 달러-원 환율이 하
락하는 시기에 종합주가지수는 상승했다.

반면 달러-원 환율이 크게 상승하는 구간에서는 반드시 주가가 큰

▶ **그림 1-5 종합주가지수와 달러-원 환율 추이**

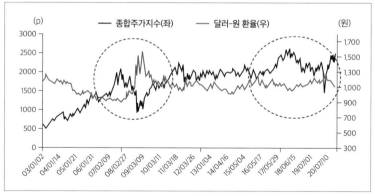

자료: 한국은행, 증권거래소

IT버블 붕괴: 2000년 전후해 과도하게 상승했던 인터넷, 통신 등 IT주가가 급락한 상황을 지칭

2008년 글로벌 금융위기: 미국의 저신용모기지론 부실이 초래한 금융위기

폭으로 하락했다. 달러-원 환율이 상승하면 국내 수출제품의 가격경쟁력이 높아져 수출이 증가하고, 이는 수출기업들의 이익 개선으로 이어져 주가는 상승한다고 우리는 알고 있다. 그러나 실제 주가지수와 환율의 움직임은 역의 관계를 보여주고 있다.

2007년 10월부터 2011년 5월에 달러-원 환율과 종합주가지수는 강한 역의 상관관계를 나타냈다. 2007년 10월 종합주가지수는 2064.85p로 단기 고점이었던 반면, 달러-원 환율은 900.79원으로 저점이었다. 이후 2008년 10월 종합주가지수는 저점, 달러-원 환율은 고점이었다. 2011년 5월까지 종합주가지수는 지속적으로 상승한 반면, 달러-원 환율은 하락했다. 진폭은 다르지만 2018년 전후에도 환율과 종합주가지수는 뚜렷하게 역의 상관관계를 보여주고 있다.

1990년 이후 대내외적으로 경제 및 금융시장 위기가 수차례 있었다. 국내적으로는 1997년 IMF 외환위기가 있었고, 대외적으로는 2000년 초반 IT버블 붕괴*, 2008년 글로벌 금융위기*, 2010년 유럽 재정위기 등을 꼽을 수 있다. 이들 시기에 모두 달러-원 환율은 큰 폭으로 상승한 반면, 주가지수는 하락했다. 특히 1997년 IMF 외환위기와 2008년 글로벌 금융위기 때 주가 하락과 환율 상승의 폭이 컸다.

환율과 주가가 역의 상관관계를 보이는 이유 ①
_ 외국인 자금의 이동

환율과 주가는 왜 역의 상관관계를 갖는 걸까? 첫째, 위기가 발생할 경우 글로벌 금융시장에서는 안전자산 선호 현상*이 강해진다. 위기 시기에 외국인 투자자들은 이머징마켓의 투자비중을 줄이고 선진국 비중을 높이는 안전자산 선호 현상이 강하게 나타난다.

> **안전자산 선호 현상**: 위험이 낮은 자산에 집중 투자하는 현상

국내에 들어와 있는 외국인 투자자금은 위기시에 우리시장에서 이탈해서 안전자산이라고 할 수 있는 미국, 유럽 등으로 이동한다. 이는 여전히 한국시장을 안전하지 않은 이머징마켓으로 보고 있기 때문이다. 외국인들은 한국 주식시장에서 글로벌 금융위기 징후가

▶ **그림 1-6** 종합주가지수와 외국인 순매수(연간)

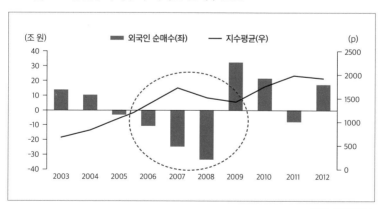

자료: 증권거래소

43

나타났던 2006년 10.8조 원을 순매도한 이후 금융위기가 본격화됐던 2007년에 24.7조 원, 2008년에 33.6조 원을 순매도하며 한국주식의 비중을 줄였다.

당시 국내 금융시장에서 외국인 자금 이탈이 주가를 하락시켰고, 외환시장에서 미국 달러화에 대한 수요를 증가시켜 달러-원 환율을 상승시켰다. 환율과 주가 방향이 역의 관계를 보여주고 있는 것은 결국 외국인 자금이동에 기인하고 있다. 즉 국내 자본시장으로 외국인 자금이 유입될 경우 환율 하락과 주가 상승이 나타나고, 외국인 자금이 이탈할 경우 주가 하락과 환율 상승이 나타난다.

환율과 주가가 역의 상관관계를 보이는 이유 ②
_ 경기적 측면

수출 가격경쟁력: 상품의 품질이 동일하다고 가정할 때, 그 상품의 가격에 따라 경쟁력이 결정되는 것을 의미함

경기적 요인: 경제상황의 좋고 나쁨을 말하는데, 수출은 세계경제의 상황에 의해 크게 좌우됨

경기 측면에서 환율과 수출의 관계를 보면, 우리는 일반적으로 환율이 상승하면 수출 가격경쟁력*이 높아져 수출이 증가하는 것으로 알고 있다. 그러나 실제로는 반대로 나타난다. 환율이 상승하는 구간에서 수출이 감소하고, 환율이 하락하는 구간에서 수출이 증가한다. 이는 수출이 가격 요인보다 경기적 요인*에 더 크게 좌우되기 때문이다. 환율 상승으로 가격 측면에서는 수출에 우

호적이더라도 세계경기 부진으로 국내 수출품에 대한 수요 자체가
위축된다.

[그림1-7]에서 보듯이 달러-원 환율이 하락하는 시기에 국내 수
출은 증가했고, 환율이 상승하는 시기에는 수출이 감소했다. 수출과
환율의 방향성이 다른 것도 수출이 세계경기 상황에 좌우되기 때문
이다. 2008년 글로벌 금융위기가 본격화됨에 따라 2009년 세계경제
가 크게 위축됐다. 이로 인해 2009년 국내 수출은 13.9% 감소했다.
한편 2009년에 무역수지 흑자규모는 404.5억 달러로 오히려 늘어났
으나, 이는 수입이 25.8% 감소한 영향이다. 즉 수출 감소폭보다 수입
감소폭이 더 커서 무역수지 흑자가 커졌던 것이다. 2009년의 무역수
지 흑자는 일명 '불황형 흑자'이다.

환율과 주가가 역의 상관관계를 갖는 것은 세계경기 상황과 외국

▶ **그림 1-7** 달러-원 환율과 수출 증가율(월간)

자료: 한국은행
주: 달러-원 환율은 월 말 환율

인 자금의 이동 때문이다. 세계경제가 상승하는 시기에는 수출이 증가하고, 이로 인해 실물부문에서 국내 달러화 유동성 유입이 늘어난다. 또한 이 시기에는 국내자본시장으로 외국인 투자자금 유입도 증가한다. 실물과 금융 모두에서 국내로 달러화 유동성 유입이 증가함으로써 달러-원 환율은 하락하게 된다.

대내외 경제 및 금융위기 국면에서는 반대로 환율이 상승하고 주가는 하락한다. 대내외 위기시 실물부문에서 달러화 유동성 유입이 축소되거나 감소한다. 또한 국내 금융시장에서 달러화 유동성 이탈은 가속화된다. 국내에서 달러화 유동성 이탈이 커짐에 따라 환율은 상승할 수밖에 없다. 주식시장에서 외국인 자금 이탈은 1차적으로 주가를 하락시키고, 다음으로 환율을 상승시킨다. 위기국면에서 외국인 자금 이탈의 결과로 환율이 상승하고 세계경기도 침체 상황이라 국내 수출도 부진을 면치 못한다. 이로 인해 위기국면에서 환율과 주가가 반대로 움직일 수밖에 없다.

환율은 주가에 시차를 두고
영향을 미치는 변수로 봐야 한다

앞서 주가와 환율은 역의 상관관계를 보인다고 했다. 그렇다면 주가가 상승하기 위해서는 환율이 하락해야 한다는 이야기다. [그림 1-5]의 주가와 환율의 움직임을 보면 단순하게는 그렇게 보인다. 그러나 주가와 환율이 역의 상관관계를 보여주고 있는 것은 세계경제가 위기시 국내 금융시장에서 외국인 자금 이탈과 세계경기 침체의 결과로 나타나는 현상이다.

J-커브이론: 스티플 메기 교수가 주장했던 이론으로 환율의 변동이 경상수지에 미치는 효과가 실제적으로는 느리게 나며, 환율 변동 초기에는 오히려 반대의 효과가 나타난다는 이론이다. 평가절하가 경상수지 개선으로 나타나는 시간은 대략 6~18개월 정도로 평균 1년 정도 시간이 걸림

환율 이론 중에 J-커브이론*이 있다. 이에 대해서는 뒤편에서 자세히 다루도록 하겠다. J-커브이론은 환율이 큰 폭으로 상승하거나 하락할 경우 시차를 두고 실물부문에 영향을 미친다는 이론이다. 즉 환율이 상승하는 초기에는 수출보다 수입이 더 크게 늘어나는 현상을 이르는 말이다. 주가와 환율의 관계도 J-커브이론처럼 시차관계를 따져봐야 한다. 글로벌 위기 발생 초기에 환율이 급등하고, 이후 발생한 위기가 진정국면에 접어들면 그 동안 상승한 환율이 실물경제에 긍정적인 영향을 미치기 시작한다. 환율 상승이 수출을 증가시키고, 대외의존도가 높은 국내경제도 빠른 회복세를 나타내는 것으로 나타났다.

2008년 미국의 서브프라임 사태가 촉발한 글로벌 금융위기 시기에 환율과 수출이 이를 잘 입증해주고 있다. 미국의 서브프라임 위기가 대두되던 2007년 10월 말 달러-원 환율은 900원선을 바닥으로 상승하기 시작해 2009년 3월 1,570원까지 상승했다. 수출은 2009년 10월까지 감소한 이후 증가세로 전환됐으며, 2010년에는 폭발적인 증가세를 나타냈다.

물론 국내 수출이 늘어나기 시작한 것은 세계경제가 점차 안정되면서 우리 수출품에 대한 수요가 증가했기 때문이다. 우리 수출품에

▶ 표 1-2 2009~2010년 주요국 경제성장률(%)

	한국	미국	독일	일본	영국	프랑스	캐나다
2009	0.8	-2.5	-5.7	-5.4	-4.1	-2.9	-2.9
2010	6.8	2.6	4.2	4.2	2.1	1.9	3.1

자료: 한국은행

▶ 표 1-3 2009~2010년 국내경제성장률과 부문별 성장기여도(%, %p)

	경제 성장률	민간소비	정부	설비투자	건설투자	순수출
2009	0.8	0.1	0.9	-0.8	0.6	3.1
2010	6.8	2.3	0.8	2.0	-0.6	-1.3

자료: 한국은행

대한 수요가 증가한 데에는 환율도 큰 요인으로 작용했다. 900원에서 1,500선으로 상승한 환율 효과를 무시할 수는 없다.

글로벌 금융위기 과정에서도 2009년 국내 경제는 0.8% 성장했다. 미국 -2.5%, 독일 -5.7%, 영국 -4.1%, 일본 -5.4%, 프랑스 -2.9%, 캐나다 -2.9% 등 대부분의 선진국들이 마이너스 경제성장을 보인 것과 비교할 때 호성장이라 할 수 있다. 2009년 국내 경제성장률 0.8%에서 부문별 기여도를 보

> **성장기여도:** 내수부문인 소비, 설비투자, 건설투자와 대외부문인 순수출이 당해 연도 경제성장률에 얼마나 기여했는지를 나타내는 수치로, %p로 표시한다. 해외에서 생산된 부가가치는 GDP 산출에서 제외시켜야 한다. 대외부문인 순수출의 성장기여도는 수출에서 수입을 차감하여 계산함

면 내수부문의 성장기여도*는 -2.3%p인 반면, 대외부문인 순수출의 성장기여도는 3.1%p였다. 2009년 국내 경제의 플러스성장은 대외부문인 순수출의 성장률 기여도가 컸기 때문이다.

우리 경제는 수출이 증가하지 않고는 개선되기 어려운 구조이다. 시차는 있지만, 수출 개선에는 환율요인이 상당한 영향을 미친다. 글로벌 위기시 환율 상승은 시차를 두고 수출을 증가시키고 이는 경기 개선으로 이어진다. 기업이익 측면에서 환율 상승은 수출기업들의 이익을 개선시킨다. 환율 상승으로 수출이 증가할 경우 가격 측면뿐만 아니라 물량 측면에서도 기업이익을 증가시키는 요인이다. 단순히 환율과 주가는 역의 상관관계에 있는 것처럼 보이지만, 실제로는 시차를 두고 환율이 주식시장에 영향을 미치고 있다.

알쏭달쏭한 환율,
우선 개념부터 잡자

외환시장은 국제금융시장의 일부로 24시간 거래되는 점두시장이다. 우리는 외국통화를 기준통화로 환율을 표기하고, 외국통화를 사고팔 때 매매기준율에 환전수수료가 더해진다. 국내 외환시장에서는 미국 달러화만 거래됐지만, 2014년부터는 위안화도 직접 거래되고 있다.

외환이 거래되는 외환시장은
국제금융시장의 일부이다

우리는 언론을 통해 외환시장에서 달러-원 환율이 어떤 요인에 의해 상승했다든가 하락했다는 이야기를 자주 접한다. 그러나 국제금융시장의 일부인 외환시장과 환율 시스템에 대해서 깊이 있게 이해하기란 쉽지 않다. 이는 각국의 역내금융시장, 역외금융시장(유로 금융시장), 그리고 이들 시장 간의 거래를 연계시켜주는 외환시장으로 복잡하게 얽혀 있기 때문이다[그림 1-8].

▶ 그림 1-8 국제금융시장의 구성과 연계성

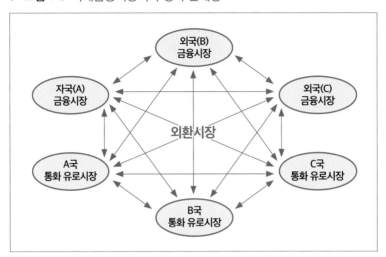

자료: 주한광, 『국제금융론』

또한 외환시장은 현물환, 선물환, 통화선물, 통화옵션 등의 시장으로 구분되고, 환율도 시장에 따라 현물환율, 선물환율 등 다양하게 불린다.

국제금융시장에 대한 깊이 있는 논의는 다음에 기회가 있을 때 하기로 하고, 여기서는 단순히 외환시장과 환율이 무엇을 의미하는지에 대해 짚어보려고 한다.

외환시장은 이종통화표시 지불수단인 외환이 매매되는 시장이다. 즉 미국 달러, 일본 엔화 등에 대한 수요와 공급을 연결해주는 장소이다. 서울 외환시장은 오전 9시부터 오후 3시 30분까지 거래가 이루어진다.

외환시장은 24시간 거래되는
점두시장이다

국내 외환시장은 거래시간이 제한되어 있지만, 외환시장은 보통 24시간 열려 있다. 주요 외환시장으로는 런던, 뉴욕, 동경 이외에 시카고, 취리히, 홍콩, 싱가포르 등이 있고, 이들 시장이 연결됨으로써 외환거래가 24시간 끊임없이 이루어진다.

또한 외환을 사고 파는 거래는 모두 점두시장(over-the-counter market)에서 이루어진다. 점두시장이란 조직화된 거래소가 아닌, 은행의 창구를 통해 은행 간 그리고 대고객 간에 거래가 이루어지는 것을 말한다. 반면 통화선물거래와 일부 통화옵션거래는 선물거래소에서 이루어진다. 우리나라의 선물거래소는 부산에 위치해 있다.

은행의 외환딜링룸에서는 매일 대규모 외환거래가 이루어지고, 이를 통틀어 서울외환시장이라고 지칭한다. 서울외환시장에서의 일일 미국 달러화 거래 규모는 적게는 40억 달러에서 많게는 100억 달러가 넘는다. 우리의 경제규모가 커지면서 외환시장 거래 규모도 상당히 커졌다. 금융결제원 자금중개실이 은행 딜링룸을 통한 외환거래 결제를 대행한다.

외환시장의 주요 참가자는 이종통화 간 매매를 필요로 하는 수출업자, 수입업자, 해운회사, 손해보험회사, 여행사 등 일반고객과 외화자산 및 부채의 포지션을 관리하는 재무관리자(portfolio managers), 중앙은행, 투자신탁회사, 보험사, 증권회사, 외환중개인 등이 있다.

우리가 외화를 사고팔 때의 환율과
뉴스에 나오는 환율은 다르다

환율은 이종통화 사이의 교환비율로, 한 통화의 다른 통화에 대한 상대적 가격이다. 환율은 상대적 가격을 뜻하므로 어떤 통화를 기준으로 하는가에 따라 표시방법이 달라진다. 즉 자국통화나 해외통화를 둘 다 기준으로 표시할 수 있다.

편의상 우리나라의 원화와 미국 달러화를 고려해보자. 해외통화 1단위와 교환되는 자국통화의 단위수로 환율을 표시할 경우 2020년 9월 29일 기준 달러-원 환율은 1,168.16원이고, 원화를 기준으로 표시할 경우 원화 1단위로 교환되는 달러는 0.000856달러이다. 일반적으로 기축통화 또는 외국통화를 기준으로 환율을 표기한다.

우리가 매일 언론을 통해 보고 있는 달러-원 환율은 서울외환시장에서 움직이는 실시간 환율이다. 이는 외환딜러들이 달러화를 매매하면서 형성되는 환율이다. 일반인들이 미국 달러화를 사고팔 때에는 매매기준율에 환전수수료(스프레드)가 더해진다. 따라서 우리가 은행 창구를 통해 달러화를 살 때에는 기준환율보다 높게, 팔 때에는 기준환율보다 낮게 환율을 적용받는다. 은행마다 수수료(스프레드)가 조금씩 차이는 있지만, 일반적으로 1.75%의 수수료를 부과한다. 이 경우 현재 달러-원 기준환율이 1,200원이면 내가 은행에서 미국 1달러를 살 때에는 1,221원, 내가 1달러를 팔 때에는 1,189원으로 서울외환시장에서 실시간 발표되는 환율과는 상당한 차이가 있다.

은행·증권사는 매일 오전 8시 30분에 서울외국환중개사가 고시하

▶ 표 1-4 기준환율과 은행 대고객환율

서울외환시장 거래량과 환율		기준환율(원)	은행 수수료 (스프레드)	은행 대고객 환율	
달러-원 환율 (원)	거래량 (백만 달러)			매입	매도
1,195	200		1.50	1,179.12	1,215.03
1,197	300	1,197.08	1.75	1,176.13	1,218.02
1,198	500		1.90	1,174.34	1,219.82

는 환율을 기준으로 자체적으로 환율을 결정한다. 서울외국환중개사의 고시환율은 금융결제원 자금중개실을 통해 전 영업일에 거래된 은행 간 달러-원 현물거래 중 익일물의 거래환율을 거래량으로 가중평균해 결정되는 환율을 말한다. 예를 들면 1,195원에 200만 달러, 1,197원에 300만 달러, 1,198원에 500만 달러가 거래됐다면, 이를 가중평균한 기준환율은 1,197.08원이 된다.

미국 달러와 중국 위안화를 제외환 모든 통화는 재정환율로 결정된다

한편 전 세계에는 200개가 넘는 국가가 있고 이들은 대부분 자국 화폐를 가지고 있다. 서울외환시장에서 전 세계 국가의 외환이 모두 거래되면서 각국의 환율이 결정되는 것은 아니다. 이는 유동성 부족,

청산결제은행 부재 등의 여러 제약 요인이 있기 때문이다. 서울외환시장에서는 미국 달러화만이 거래됐으나 2014년부터 중국 인민은행으로부터 교통은행 서울지점이 역외청산결제은행으로 지정됨에 따라 위안화도 직접 거래되고 있다.

실제 시장을 통해 거래되지 않는 국가의 통화환율은 어떻게 결정될까? 이를 이해하기 위해 기준환율, 크로스레이트, 재정환율을 알아야 한다. 미국 달러화, 우리나라 원화, 일본 엔화, 이렇게 3개국 통화가 있다고 가정해보자. 기축통화인 달러화가 기준통화가 되고, 달러화에 대한 원화 환율이 기준환율(basic rate)이 된다.

$$기준환율 = S(₩/\$)$$

기준환율이 설정되어 있을 경우, 기준통화에 대한 제3국 통화(여기서는 엔화) 환율을 크로스레이트(cross rate)라고 한다.

$$엔화의 크로스레이트=S(\$/¥)$$

기준환율과 크로스레이트가 설정되어 있는 경우 원화와 엔화 환율을 산출할 수 있다. 이를 재정환율(arbitrage rate)이라 한다.

$$S(₩/¥) = S(₩/\$) \times S(\$/¥)$$

▶ 그림 1-9 기준환율, 크로스레이트, 재정환율의 관계

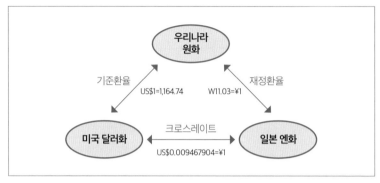

주: 환율 데이터는 2020년 10월 2일 기준임

기준환율인 달러-원 환율이 1,164.74원, 크로스레이트인 달러-엔 환율이 105.61엔일 때, 재정환율인 엔-원 환율은 11.03원이 된다. 100엔당 엔-원 환율은 1,102.76원이다[그림 1-9].

국내 외환시장에서 직접 거래되지 않은 제3국 통화와 원화 환율은 재정환율을 기준환율로 삼고 있다. 미국 달러화가 세계 기축통화이지만, 유로화와 엔화도 세계시장에서 신뢰성과 유동성이 있는 통화다. 그렇지만 국내 외환시장에서 달러화처럼 직접 거래되지는 않는다. 엔-원 환율, 유로-원 환율도 재정환율에 의해 결정된다.

환율을 알려면
이 정도 용어는 기본이다

환율에 대한 이해는 어려운 과정이다. 우선 관련 용어를 아는 것은 기본 중의 기본
이다. 용어와 개념을 정확히 알면 그 원리를 보다 더 명쾌하게 이해할 수 있다.

• 기준환율

보통 대부분의 국가들이 달러화를 기준환율로 사용하고 있다. 국
내 외환시장에서는 금융결제원 자금중개실을 통해 전 영업일 거
래된 은행 간 달러-원 현물거래 중 익일물의 거래환율을 거래량
으로 가중평균해 결정되는 환율을 기준환율로 삼는다.

외국환은행들이 고객과의 거래에 적용하는 각종 환율을 결정할
때에는 중심 환율로서 이 기준환율을 매매기준으로 정한다.

은행 간 거래환율은 일중변동폭이 제한되는데, 이때는 당일의 기
준환율을 중심으로 상하 변동제한폭이 설정된다.

•재정환율

기준통화를 제외한 자국통화와 제3국 통화환율을 말한다. 우리
는 달러화를 기준통화로 사용하기 때문에 달러-원 환율은 기준
환율이고, 엔-원 환율, 유로-원 환율 등 달러 환율을 제외한 통
화의 환율을 재정환율이라고 한다. 재정환율은 크로스레이트를
통해 계산한다.

재정환율을 쓰는 것은 국내 외환시장이 달러화 중심 시장으로
엔화, 유로화 등의 통화가 직접 거래되는 시장이 없기 때문이다.
제3국 통화는 시장을 통한 직접적인 환율 형성이 어렵기 때문에
재정환율이 사용된다. 패리티환율(parity rate) 또는 간접환율이라
고도 한다.

•현물환과 선물환

외국환 거래에서 수도결제 시점에 따라 현물환과 선물환으로 나
누어진다. 현물환(Spot Exchange)은 외국환 매매계약과 동시 또는
2영업일 이내에 수도결제가 이루어지는 것을 말하며, 이때 환율
을 현물환율이라 한다. 반면 선물환(Forward Exchange)은 장래의
일정기일 또는 기간 내에 미리 정한 금액과 종류의 외환을 약속
한 환율로 수도결제되는 것을 말한다. 기간은 1주일 내지 6개월
이 일반적이다.

현물환은 주로 무역거래 목적으로 사용하고, 선물환은 환시세 변
동에 따른 환리스크(위험)를 사전에 방지하기 위한 것이다. 수출
업자는 수출계약체결과 동시에 환계약을 체결함으로써 수출계

약 때부터 수출 대금회수 때까지 환율 변동에 따른 손해를 예방하게 된다. 또한 선물환은 환차익을 적극적으로 이용한 환투기나 외국환은행의 각종 환조작에도 이용된다.

• **통화선물거래**

통화선물거래(currency futures)는 선물환(forward exchange) 거래처럼 특정통화, 외환을 계약시 약정한 가격으로 미래의 일정시점에서 수도결제하기로 하는 외환거래이다. 그러나 선물환거래와 다른 것은 일정 기간 후 실제로 특정 통화를 인수 또는 인도하는 것이 아니라 현물환 포지션과 대칭되는 선물환 포지션을 보유함으로써 환위험을 헤지(hedge)하는 것이다.

통화선물거래는 조직화된 거래소에서 경쟁매매 방식과 수도결제일 이전이라도 계약의 매매가 청산이 가능하다는 점에서 헤징보다는 투기적거래에 비중이 높다.

• **통화옵션**

통화옵션은 옵션매입자가 일정액의 특정 현물통화 또는 통화선물계약을 미래의 약정 기일에 또는 약정 기일 이전에 일정한 가격(행사가격)에 옵션매도자로부터 선택적으로 매입-콜옵션 또는 매도-풋옵션을 행사할 수 있는 계약상의 권리 또는 이러한 계약상의 권리를 옵션매입자에게 부여한 계약거래를 말한다.

옵션매입자는 옵션가격, 곧 프리미엄(premium)을 지급함으로써 옵션 매입 또는 매도의 옵션, 행사선택권, 즉 콜옵션 또는 풋옵션을 취득한다. 반면 옵션매도자는 옵션가격, 즉 프리미엄을 받는 대가로 옵션매입자의 옵션행사에 응해야 하는 의무를 갖게 된다. 현재 미국 1달러 값이 1,000원이고, 향후 미국 달러 값이 더 오를 것으로 보이나 떨어질 가능성도 있다. 이때 기업들은 1% 정도(달러당 10월)를 프리미엄으로 주고 3개월 후 1달러를 1,000원에 살 수 있는 콜옵션을 매입한다.

이 기업은 3개월 후 ① 1달러 값이 1,000원보다 비싸진 경우 이때 기업은 콜옵션을 행사해 1달러를 1,000원에 산다. 프리미엄 1%를 감안하더라도 이득을 얻는다. ② 1달러가 1,000원 아래로 떨어진 경우로 이땐 콜옵션을 포기한다. 대신 시장가격으로 달러를 사들이면 된다. 이 경우 손실은 프리미엄인 10원이 된다. 풋옵션은 반대의 경우다.

통화옵션은 선물환(forward exchanger)거래와 통화선물(currency futures)거래에는 없는 옵션, 행사선택권을 부여함으로써 다양한 헤징 및 투기거래를 가능하게 한다.

• **매도율과 매입률**

환율은 일반적으로 매도율(selling rate)과 매입률(buying rate)이 동시에 고시된다. 매도율은 은행이 고객에게 매도하는 경우에 적용되는 환율이고, 매입률은 은행이 고객으로부터 매입하는 경우에 적용되는 환율이다. 매도율과 매입률 사이의 격차를 매매율차(bid-asked spread)라고 부른다.

매매율차는 해당 통화의 유동성, 환율 안정성, 거래규모 등에 의해서 결정된다. 유동성이 낮을수록, 거래규모가 작을수록, 환율 변동성이 커질수록 매매율차는 커진다.

• **명목현물환율, 실질환율, 실효환율, 실질실효환율**

명목현물환율은 한 나라 통화의 대외가치를 나타내는 개념 중 가장 기본적인 개념이다. 환율을 지칭할 때는 대개 명목현물환율로, 외환시장에서 외환의 수급에 의해 결정되는 환율이다.

실질환율은 명목환율을 양국의 물가로 조정한 환율을 이야기한다. 대미달러 환율에 대한 실효환율은 다음과 같다.

$$S(\$/\text{₩})=(S(\$/\text{₩})×P)/P^* \quad (\text{P 자국물가, P* 미국 물가})$$

명목환율이나 실질환율은 자국통화와 하나의 특정 해외통화 사이의 가격을 나타내는 데 반해 실효환율은 자국통화와 여러 교역상대국 통화 바스켓 사이의 상대가격을 나타낸다.

실효환율은 자국통화의 각 교역상대국 통화에 대한 환율지수들을 가중평균한 것으로, 그 가중치는 대개 교역량에 근거해 도출한다.

실질실효환율은 실효환율에 교역상대국 간의 물가상승률 차이를 반영한 환율이다. 물가수준까지 감안해서 화폐의 실질적인 구매력(대외가치)이 어느 정도인지 알 수 있는 지표이다. 실질실효환율은 비교 시점의 명목실효환율을 자국과 교역상대국 간의 가중상대물가지수로 나누어 계산할 수 있다. 실질실효환율지수가

100 이상이면 기준시점 대비 주요 교역상대국 통화에 대한 자국 통화의 고평가를 나타내고, 100 이하이면 저평가를 나타낸다.

• 환리스크

환율 변동으로 인한 위험을 가리킨다. 보유외환이 롱·숏포지션일 경우 환위험에 노출된다. 어떤 특정통화에 대해 롱·숏포지션일 때 해당 통화의 강세와 약세에 따라 환차익과 환차손이 발생한다.

• 헤지

가격변동이나 환위험을 회피하기 위해 행하는 거래로, 위험회피 또는 위험분산이라고 한다. 수출대금을 후지급 결제방식으로 계약한 경우, 수출대금의 가치는 환율 변동에 따라 크게 달라질 수 있다. 환율 변동에 따른 위험을 제거하기 위해 현재의 환율로 고정시키는 거래를 헤지거래라 한다. 선물환거래가 대표적이다. 한편 헤지거래로 환율 변동위험은 제거되지만, 거래수수료를 부담해야 하고 예상과 다른 방향으로 환율이 움직였을 때 얻을 수 있는 이익은 포기해야 한다.

• 점두시장

외환시장은 점두시장과 거래소로 나눌 수 있다. 점두시장은 조직화된 거래소가 아닌, 은행의 창구를 통해 은행 간 그리고 대고객 간에 거래가 이루어지는 시장을 일컫는다. 거래소를 중심으로 해

표현할 때 점두시장은 장외시장이라고 하고, 거래소시장은 장내시장이라고 한다.

현물환거래, 선물환거래, 외환스왑거래 등 본원적인 외환거래는 모두 점두시장에서 이루어지고, 파생적인 상품인 통화옵션 중 특정한 형태의 거래도 점두시장에서 이루어진다. 반면 통화선물거래와 일부 통화옵션거래는 선물거래소(futures exchange)에서 이루어진다.

· 제로섬 게임시장

외환시장에서의 시장참가자들의 거래는 기본적으로 제로섬 게임이다. 즉 외환시장의 한 거래자가 외환거래의 이익을 봤다면, 다른 거래자는 이에 상응하는 외환거래의 손실을 보게 된다.

초개방화시대를 살고 있는 우리는 환율에 관심이 커졌고, 환율 변동은 한 국가경제 및 자본시장에 크게 영향을 미친다. 특히 우리나라와 같이 대외개방도가 높은 국가는 환율 변동의 영향이 클 수밖에 없다. 국내 경상수지 흑자 등 실물 측면에서 달러화 공급우위가 지속되고 있지만, 코로나19 상황이 크게 악화됐고, 국내 자영업 등의 어려움이 가중되고 있다. 2장에서는 향후 위기에 대비한 달러화 예금이 안전장치가 될 수 있는지, 세계 8번째 외환보유국인 우리의 외환보유액은 위기에 대비해 충분한지 등에 대해 다루었다.

2장

환율,
이보다 더
재미있을 수 없다

우리는 환율 변동에
민감할 수밖에 없다

우리는 전 세계가 하나의 국가처럼 물자와 사람의 이동이 자유로운 초개방화된 시대를 살고 있다. 우리는 외환과 관련성이 더욱 커졌고, 환율은 실시간으로 변동함에 따라 현대 사회를 살아가는 우리는 환율 변동에 민감할 수밖에 없다.

초개방화시대를 살고 있는 우리는
환율에 대한 관심이 커졌다

몇 년 전에 어느 케이블 방송사에서 〈나는 자연인이다〉라는 프로그램을 보았다. 나이가 든 중년 이상의 사람이 홀로 산속에 들어가 자연인으로 살아가는 삶을 보여주는 프로그램이었다. 이 프로그램의 출연자처럼 세상을 등지고 살아간다면 사회적 이슈 모두가 무의미할 수 있다. 환율 변동과 같은 것에는 아예 관심이 없을 것이다.

그러나 대부분의 사람들은 사회공동체의 일원으로 유기적 관계를

유지하며 살아간다. 기회가 있을 때마다 해
외여행을 즐기고, 여유가 된다면 자녀들에
게도 유학을 통해 학문적 깊이를 더하고 견
문을 넓히도록 한다.

앞서 언급했듯이 현재 한국의 연간 출국
자수가 3,000만 명을 넘어섰고, 많은 사람들이 해외 유학중에 있다.
21세기 현대 사회를 개방화, 글로벌화로 지칭한다. 현재 우리는 전
세계가 하나의 국가처럼 물자와 사람의 이동이 자유로운 초개방화된
시대를 살고 있다.

전 세계가 단일통화*를 사용한다면 해외에 나갈 때 외국통화로 환
전하는 일은 없을 것이다. 그러나 현재 일부 지역에서 단일통화를 쓰
고 있기는 하지만, 국가마다 대부분 자국화폐를 사용하고 있다. 현재
유럽연합(2020년에 영국이 EU에서 탈퇴를 결정함으로써 현재는 27개국) 회원국
중 12개 국가가 유로화(Euro)라는 단일통화를 사용하고 있다. 유로화
가 2002년부터 지역 내에서 통용되는 화폐로 자리잡게 되었지만, 더
이상 유로화 사용국이 확대되지는 못하고 있다. 이는 유럽연합국가
들도 각국마다 경제적 상황이 다르기 때문이다.

유로화를 공식화폐로 채택하고 있는 12개 국가 내에서는 유로화
를 가지고 언제 어디서든 자유롭게 소비활동을 할 수가 있다. 그러나
유로화를 사용하고 있는 12개 국가를 벗어날 경우 현지 통화로 환전
을 해야 한다. 유로화를 사용할 수 있다고 하더라도 불리한 환율을
적용받게 된다.

코로나19 폐쇄상황이
장기간 지속되지는 않을 것이다

우리나라의 경우 선진국 진입의 관문이라 할 수 있는 경제협력개발기구(OECD)에 1996년 12월 가입했고, 교역량 기준으로 세계 12대 무역대국이다. 1인당 소득수준도 3만 달러를 넘어섰다. 그렇지만 우리의 화폐인 원화가 국제결제통화*는 아니다. 원화는 해외에서 사용할 수 없는 지역화폐*이다. 따라서 해외에 나가 물건을 구매하기 위해서는 반드시 환전을 해야만 한다.

2020년에는 코로나19로 인해 해외여행이 자유롭지 못하던 과거 폐쇄사회로 회귀한 것 같다. 코로나19로 인해 여행, 사업 목적 등 어떠한 이유에서든 해외에 나가는 것이 쉽지 않게 되었다. 당분간은 극히 제한적인 출입국만 이루어질 것 같다. 그러나 코로나19 백신이 개발됐고, 많은 국가에서 백신 접종을 시행하고 있다. 현재와 같은 코로나19 폐쇄 상황이 장기간 지속되지는 않을 것이다. 언젠가는 공항마다 출국자와 입국자로 다시 붐빌 것이다.

국제결제통화: 화폐는 계산의 단위, 교환의 매개, 가치 저장의 기능을 보유하고 있다. 지구상에 250개 국 이상의 국가가 존재하고, 이들 통화가 모두 세계적으로 통용되는 것은 아니다. 국제적으로 화폐 기능을 수행하는 통화를 국제결제통화라 한다. 미국 달러, 유로화, 일본 엔화 등 일부 통화만이 국제결제통화 역할을 하고 있다. 1971년까지 금본위제하에서는 달러화만이 기축통화였으나 미국이 금태환을 정지한 이후에는 미국 달러화, 유로화, 엔화 등 국제결제통화가 기축통화 역할을 하고 있음

지역화폐: 통화기능이 국내에 한정된 통화로, 원화 등 전 세계 대부분의 통화가 해당됨

이 경우 환전을 위해 은행창구를 찾는 사람들도 당연히 늘어난다. 해외출국자수가 다시 증가하면서 자연히 환율 변동에 관심이 높아질 수밖에 없다.

환전은 누구나 쉽게 할 수가 있다. 그렇지만 환율은 실시간으로 변동한다. 조금이라도 나에게 유리하게 환전을 하기 위해서는 환전 시기가 중요하다. 원화를 외국화폐로 교환하는 경우 현재 환율이 상승하는 시기라면 환전을 빨리 하는 것이 유리하고, 환율이 하락하는 시기라면 환전을 늦추는 것이 유리하다. 이는 환율 변동으로 원화의 가치가 달라지기 때문이다.

예를 들어 원화 100만 원을 달러로 교환할 경우를 생각해보자. 현재 달러-원 환율이 1,180원에서 1,200원으로 상승했다면 원화 100만 원으로 받을 수 있는 달러화는 847.5달러에서 833.3달러로 줄어든다 (은행 환전수수료는 고려하지 않음). 반대로 달러-원 환율이 하락했다면 원화 100만 원에 해당하는 달러화가 늘어난다.

이처럼 환율 수준에 따라 환전금액 차이가 크게 난다. 우리는 여행목적이든 사업목적이든 해외에 나갈 기회가 많아졌고, 외환이 재테크 수단으로 직간접적으로 활용되고 있다. 그러므로 향후 우리의 환율에 대한 민감도는 더욱 커질 수밖에 없다.

왜 국가는 환율 상승을
유도하는 걸까?

환율은 수출을 통해 한 나라 경제에 영향을 크게 미칠 뿐만 아니라 국내물가 상승,
외국인 자금 유출입 등 직간접적인 영향도 크다. 그러므로 정책당국은 환율에 민감
할 수밖에 없다.

우리나라와 같이 대외개방도가 높은 국가는
환율 변동에 따른 영향이 클 수밖에 없다

어떤 국가가 대외교역이나 교류가 없는 완전히 폐쇄된 자급자족
사회라면 환율 변동에 따른 영향을 논할 필요가 없다. 그러나 현재
세계 어느 국가도 완전한 폐쇄국가로 존재하지는 않는다. 국가마다
대외개방 정도의 차이는 있지만, 세계 모든 국가에서 사람과 재화가
국경을 넘어 자유롭게 이동하고 있다. 특히 우리나라와 같이 개방도
가 높고, 환율도 시장에서 자유롭게 결정되는 국가일수록 환율 변동

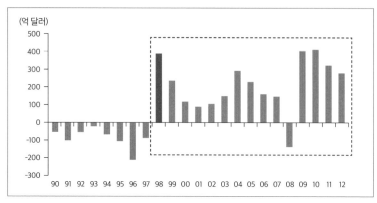

▶ 그림 2-1 국내 연간 무역수지

(억 달러)

자료: 산업통상자원부

에 따른 영향은 클 수밖에 없다.

우리는 이미 1997년 IMF 위기상황을 통해 급격한 환율 변동에 따른 영향력을 경험했다. 우리나라는 IMF 위기상황을 세계적으로 유례를 찾기 어려울 정도로 단기간에 잘 극복했다는 이야기를 듣고 있다. 우리나라가 단기에 IMF 위기를 극복할 수 있었던 가장 큰 요인은 무엇 때문일까?

IMF라는 이야기는 외환보유고*가 바닥나 IMF로부터 구제금융을 받는 것을 의미한다. 외환보유고가 바닥난 것은 상품 수출입에서 만성적인 적자로 외환보유고를 쌓아 놓지 못했기 때문이다. 우리나라의 무역수지는 1997년까지 적자가 지속됐지만, 1998년에 390.3억 달러 흑자로

> **외환보유고**: 한 나라의 중앙은행과 정부가 위기 시에 언제든지 사용 가능한 대외 외화금융자산을 뜻함

전환한 이후 1999년 239.3억 달러, 2000년 117.9억 달러 흑자를 기록하며 흑자기조가 유지되고 있다.

1997년과 1998년 1년 동안 어떤 일이 있었기에 무역수지가 흑자로 돌아선 것일까? 이는 달러-원 환율 급등 요인으로밖에 설명할 수가 없다. 단기에 세계경제가 좋아졌거나 우리 수출 상품의 기술경쟁력이 개선된 데 따른 영향으로 볼 수 없다. 이는 1998년 당시 세계경제는 좋지 않았고 국내수출기업들이 1년 만에 기술경쟁에서 우위를 점하기는 더욱 어렵기 때문이다.

1997년 말 달러-원 환율이 2,000원선으로 급등함에 따라 수출보다 수입이 더 크게 감소했고, 이것이 1998년부터의 무역수지 흑자의 원인이 되었다. 1998년에 국내수출은 2.8% 줄어든 반면, 수입은 35.5%나 감소했다는 점이 이를 잘 입증해주고 있다.

환율은 한 국가경제 및 자본시장에 크게 영향을 미친다

환율은 한 국가의 수출을 통해 경제성장에 영향을 미치고, 물가 등 거시경제변수들에도 직간접적인 영향을 미친다. 또한 환율은 외국인 자본의 유출입을 통해 주식시장, 채권시장 등 자본시장에도 영향을 크게 미친다. 이처럼 환율 변동에 따른 영향력이 큰 만큼 정책입안자들이 환율에 대한 정확한 시각을 갖고 있지 않을 경우 정책실패나 경제적으로 상당한 어려움에 직면할 수밖에 없다.

국내총생산(GDP): 국내 총생산은 외국인이든 내국인이든 국적을 불문하고 일정기간 내에 국내에서 생산된 모든 최종생산물의 시장가치로, 한 나라의 경제수준을 나타내는 지표임

한 국가의 경제수준을 나타내는 것이 국내총생산(GDP)* 지표이다. GDP는 국내부문과 수출·수입으로 표시되는 대외부문으로 이루어져 있다. 환율 변동은 수출과 수입에 직접적으로 영향을 미치고, 수입물가를 통해 소비자물가 변동을 유발한다.

한 나라가 경제성장을 하기 위해서는 소비와 투자로 이루어진 내수부문이 증가하든가 해외부문에서 수출이 증가해야 한다. 경쟁적인 환율 상승은, 즉 자국통화 가치 하락은 수출가격 경쟁력을 높여 수출을 증가시키기 위한 하나의 수단이다. 우리는 가끔 언론을 통해 듣는 '환율 전쟁'이라는 이야기는 두 국가가 서로 경쟁적으로 환율 상승을 유도하는 행위를 의미한다.

최근 환율 조작국으로 지정된 국가는 중국이다

가장 최근 환율 조작국으로 지정된 예는 중국이다. 2019년 8월 6일 미국 재무부는 중국을 환율 조작국으로 지정했다. 중국이 환율 조작국으로 지정된 것은 미-중 간에 무역분쟁이 격화된 측면이 있지만, 보다 근본적인 원인은 중국이 미국으로부터 대규모 무역수지 흑자에도 불구하고 달러대비 위안화가 약세를 나타냈기 때문이다.

미-중의 무역전쟁으로 미국의 대중국 무역수지 적자규모는 2019년

▶ **그림 2-2** 미국의 대중국 무역수지 적자와 비중

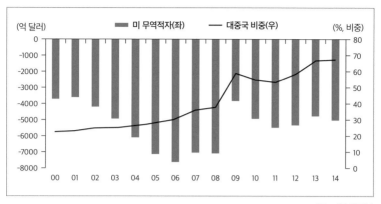

자료: 미국 상무부

에 3,456억 달러로 전년대비 17.6%나 감소했다. 이로 인해 2019년 미국의 전체 무역수지 적자는 1.7% 감소한 6,168억 달러로, 2013년 이후 처음으로 무역수지 적자가 축소됐다. 그렇지만 여전히 미국의 대중국 적자는 전체 무역수지 적자의 56.0%로 절반이 넘는다. 미국의 무역수지 적자의 많은 부분이 중국으로부터 발생하고 있다.

한편 달러-위안 환율은 2020년 7월까지 7위안선을 넘어서며 위안화가 달러화에 대해 약세를 보였다. 10월 현재 달러-위안 환율이 6.7위안을 기록하고 있지만, 중국의 대규모 무역수지 흑자를 감안할 경우 여전히 위안화 저평가가 해소됐다고 보기는 어렵다.

한편 미국의 중국 위안화 강세 압박이 대중국 무역수지 적자를 축소할 수는 있지만, 미국의 전체 무역수지를 개선시킬 수 있을지는 의문이다. 이는 이른바 수입 대체효과* 때문이다. 위안화가 강세를 보

일 경우 중국으로부터 수입은 축소되지만,
제3국으로부터 수입이 증가할 수 있다. 미
국의 무역수지 적자가 2020년 8월에 829.4
억 달러로 7월에 801.1억 달러보다 늘어났
다는 점이 이를 잘 입증해주고 있다.

　미국은 세계 소비시장이기 때문에 중국
과 같이 특정국가의 통화 강세로 무역수지
가 개선되기는 어렵다. 그러나 우리나라와
같이 제조업을 기반으로 한 수출국가들은
자국의 통화가 약세로 갈 경우 무역수지 개선효과가 뚜렷하게 나타
난다.

환율은 기업과 개인에게도
크게 영향을 미친다

환율이 상승할 경우 수출기업들의 수익이 증가하는 반면, 수입업체의 수익은 감소한다. 환율은 수출입기업들의 수익에 절대적인 영향을 미치는 요인이다. 또한 개인과 가계에서도 환위험도가 커졌다.

환율은 수출입 기업에게
절대적인 영향을 미치는 요인이다

환율은 수출입 기업들에게는 절대적 영향력을 가지고 있다. 환율이 직접적으로 수출품과 수입품의 가격에 영향을 미치기 때문이다. 우리나라 원화를 기준으로 볼 경우 달러-원 환율의 상승(원화가 약세)은 수출업체들의 이익을 개선시키는 반면, 수입업체들의 이익을 악화시킨다. 반대로 달러-원 환율의 하락은 수입업체들에게 유리하지만 수출업체들에게는 불리하다.

환율 변동이 수출입업체들의 손익에 미치는 영향을 보면, A라는 수출업체의 A상품 1단위 판매가가 100달러이고, 이때 달러-원 환율이 1,000원에서 1,200원으로 상승했다고 가정해보자(단, 단가조정은 없다고 가정). 이 수출업체는 A상품 1단위를 수출해 얻는 수익이 20% 늘어난다. 이는 1단위 수출로 얻은 100달러를 원화로 환전할 경우 기존에는 10만 원을 받았으나 환율 상승으로 12만 원을 받기 때문이다.

한편 수입업체는 반대의 경우다. 수입업체가 B라는 상품을 한 단위 수입하는 단가는 100달러이고, 환율이 1,000원에서 1,200원으로 상승했다면 수입업체가 B상품을 한 단위 수입하기 위해서 원화를 10만 원에서 12만 원을 지불해야 한다. 국내 판매단가 조정이 없는 경우 수입업체의 수익은 20% 악화된다.

이처럼 환율은 수출입 기업들의 손익을 크게 좌우하는 요인이다. 따라서 수출입 기업들이 연간 사업계획 수립시 환율 방향성에 대해 특히 주의를 기울이는 부분이다.

개인과 가계도
환위험의 노출 정도가 커졌다

환율 변동은 우리 생활에도 직간접적으로 영향을 주고 있다. 우리는 초고도의 개방화 사회에서 살고 있기 때문이다. 국가 간에 상품이 자유롭게 이동하고, 우리는 극히 제한된 국가를 제외하고는 어느 나라, 어디든 갈 수가 있다. 업무상으로나 여행을 목적으로 해외에 나갈 기회가 많아졌다. 자연히 환율 변동에 민감할 수밖에 없다.

환율 변동은 수입물가를 통해 소비자물가로 전이된다. 이는 환율 변동에 따른 간접적 영향으로 볼 수 있다. 가계나 개인은 직접적 영향보다 덜 민감하다. 이는 환율 변동이 소비자물가와 같은 거시경제 변수를 통한 영향이기 때문이다. 우리나라는 석유를 전적으로 수입에 의존하고 있고, 국제유가 변동이 없더라도 달러-원 환율 상승이 국내 석유판매가격을 상승시킨다. 물론 환율이 하락하면 수입물가를 떨어뜨리는 효과가 있다. 1997년 IMF 시기와 2008년 글로벌 금융위기와 같이 달러-원 환율 상승폭이 크다면 우리가 느끼는 간접적인 영향도 크다.

환율이 급등할 경우 우리는 불가피한 경우가 아니면 해외에 나갈 엄두를 못 낸다. 환율 상승은 해외물가가 큰 폭으로 상승한 것과 같기 때문이다. 해외 소비에 따른 비용부담이 크게 증가한다. 달러-원 환율은 1997년 초에 840원에서 그 해 12월에 1,965원으로 상승했다. 해외에서 1달러 제품을 구매하기 위해서는 1997년 초에는 원화가 840원이 필요했지만, 12월에는 1,965원이 필요하게 되었다.

한편 환율이 급등하면 미국 달러화가 필요한 사람들은 불이익을 보지만, 달러화를 보유한 사람들은 큰 이득을 본다. 필자는 우리나라가 IMF 위기를 맞기 전인 1997년 5월에 결혼을 했다. 당시 해외로 신혼여행을 다녀오는 것이 붐이었고, 필자도 신혼여행을 핑계 삼아 난생처음으로 해외여행을 다녀왔다. 인생에 있어 신혼여행 때가 재정적으로 여유가 있는 시기라 여행을 다녀온 이후 미국 달러화가 150달러 정도 남아 있었다.

1997년 5월 당시 달러-원 환율은 890원 정도였고, 이를 원화로 환산할 경우 13만 원이 조금 넘는 금액이었다. 금액이 크지 않고 해서 서랍 속에 넣어 놓고 잊고 있었다. 그런데 1997년 말 대한민국은 IMF라는 초유의 위기를 맞았고 달러-원 환율이 급등해 2,000원선을 넘어섰다. 서랍 속에 넣어 놓고 잊고 있던 150달러가 생각나 원화로 환전을 하니 30만 원이 넘는 금액이었다. 수익률로 따지면 100%가 넘는다.

앞서 언급한 것처럼 많은 가정에서 자녀들을 해외유학을 보내고 있고, 이들 가계는 환율 변동에 민감할 수밖에 없다. 환율 급등은 유학자녀를 둔 가계의 경제적 부담을 증가시킨다. 또한 개인과 가계에서도 달러화 예금, 해외주식, 채권 등에 대한 투자가 붐을 이루고 있다.

우리나라는 1997년 IMF 외환위기를 맞아 환율시스템을 기존의 시장평균환율제*에서 자유변동환율제*로 변경했다. 1997년 이후 달러-원 환율이 시장에서 자유로이 결정된다. 이는 환율 결정의 효율성을 높였지만, 한편으로는 환율 변동성이 높아졌다. 개인과 가계들도 환위험에 노출 정도가 커졌고, 환율 움직임이 중요해졌다.

달러화 예금을 통해
향후 발생할지 모를 위기에 대비하자

실질실효환율 측면에서 달러-원 환율의 적정수준은 1,100원 내외일 것으로 추정된다. 달러-원 환율이 1,100원선 아래로 크게 하락하지는 않을 것이다. 한편 가계 신용 등 위험요인들의 조정과정에서 내부적 위기가 발생할 가능성도 있다. 향후 발생할지 모를 위기에 대비해 달러화 예금을 적극 검토해보자.

원화가 고평가된 것으로
보기는 어렵다

외환시장에는 수많은 요인들이 영향을 미친다. 국내외 경기상황, 금리정책, 유동성 요인 등이 환율에 영향을 주는 요인이지만, 환율이 일방향으로 급격히 움직일 경우 외환당국의 안정화 노력, 즉 정부의 외환시장 개입도 외환시장에 영향을 미치는 중요한 요인이다. 미국 달러화 유동성이 국내로 유입될 경우 원화가 강세를 나타내고, 달러화 유동성이 이탈할 경우 원화가 약세를 나타낸다.

적정환율 수준: 한 나라의 경제상황에 적합한 환율 수준으로 대외부문과 대내부문의 균형을 동시에 달성할 수 있는 환율 수준을 말함

달러-원 환율은 코로나로 위기감이 고조되던 2020년 3월에 1,280원선까지 상승한 이후 지속적으로 하락해 2020년 말에는 1,080원선까지 하락했었다. 2021년 7월 현재 달러-원 환율은 1,140원선으로 재차 상승하고 있다. 2020년 하반기와 같이 원화 강세가 지속된다면 수출의존도가 높은 우리 경제에는 부담이 될 수밖에 없고, 달러-원 환율이 급등할 경우에는 국내경제의 위험성을 높인다.

환율은 실시간으로 변동하지만, 적정수준에서 안정되게 움직이는 것이 가장 이상적이다. 국내외 경제 위기시마다 환율이 급등락했지만, 결국 적정환율 수준*을 찾아간다. 한 나라의 적정환율 수준을 찾기는 쉽지 않다.

실물 측면에서 달러화 유동성 유입 상황을 보면 2020년 경상수지 흑자는 752.8억 달러로 GDP(경상)대비 4.6%에 이르고, 2021년 1~5월 기간 경상수지는 354.9억 달러로 흑자를 기록했다. 2020년의 경우 수출입이 모두 줄어드는 불황형 흑자이기는 하나 경상수지 흑자가 지속되고 있고, 규모도 GDP의 3% 수준을 상회하고 있다.

2021년 들어서는 억압된 수요가 폭발하며 국내 수출이 폭증하고 있는 상황이다. 실물 측면에서 경상수지 흑자규모를 고려할 때, 원화가 고평가되어 있다고 보기는 어렵다.

실질실효환율 측면에서
적정환율 수준은 어떻게 판단할까?

적정환율 수준을 측정하는 방법으로 실질실효환율을 자주 활용한다. 실질실효환율은 각국의 물가와 무역비중을 고려해 산출한다. 일반적으로 쓰는 환율은 수요와 공급에 따라 결정되는 명목환율이다. 명목환율은 두 통화 간의 비교만 가능할 뿐, 주요 교역상대국 전체의 환율 변동 대비 통화가치의 변동을 파악하지는 못한다. 반면에 실질실효환율은 주요 교역상대국 통화 각각에 대한 원화가치의 변동을 무역비중과 같은 가중치로 가중평균해 산출한 지표에다 국가 간의 물가상승률을 반영한 환율이다.

OECD가 발표하는 한국의 실질실효환율을 보면 2021년 5월 현재 97.52이다. 기준선은 100으로 환율수준이 100선 이상에서는 고평

▶ 그림 2-3 달러-원의 실질실효환율

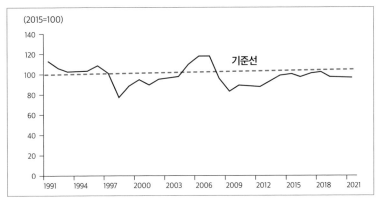

자료: OECD "Main Economic Indicators"

가, 100선 이하에서는 저평가되어 있는 것으로 판단한다. [그림 2-3]을 보면 OECD에서 발표하는 우리의 실질실효환율은 100선 아래로 저평가되어 있음을 알 수 있다.

경상수지가 흑자라고 해서 일률적으로 환율이 저평가되어 있다고 보기는 무리가 있다. 2017~2018년 우리의 OECD 실질실효환율은 100선을 상회해 고평가되어 있었지만, 경상수지 흑자규모는 현재 보다 오히려 컸었다. 대규모 경상수지 흑자가 발생할 경우 환율이 저평가되어 있을 가능성은 높지만, 경상수지 흑자가 발생한다고 해서 반드시 환율이 저평가되어 있다고 판단하기는 어렵다.

코로나19 상황은 변이 바이러스 출현으로 더욱 악화되고 있다

코로나19 발생 이후 1년 6개월이 지났지만, 여전히 사회적 거리두기 등 코로나19 상황이 지속되고 있다. 2021년 7월 들어서는 일일 코로나 확진자가 1,000명이 넘어서며 오히려 악화되고 있다. 코로나19 백신이 개발됐고, 미국·영국·캐나다 등 많은 국가에서 백신접종이 이루어지고 있다. 국내에서도 코로나 백신접종이 이루어지고 있지만, 집단면역 형성 가능성은 낮아 보인다.

특히 기존 코로나19 바이러스보다 전파력이 강한 감마, 델타, 람다 등 변종 바이러스가 계속 출현하고 있다. 현재 백신개발 속도보다 코로나 바이러스 변이 속도가 더 빠르다. 코로나19 백신이 변종 바이러스를 따라가지 못하고 있다. 또한 백신을 접종하더라도 항체 지속기간에 대해서도 여전히 논란이 크다. 1~2년 내에 코로나 바이러스가 종식되기는 어려워 보인다.

세계경제는 2021년 들어 억압수요 등이 나타나며 빠르게 회복되고 있지만, 향후 세계경제의 본격 성장은 코로나19 상황이 얼마나 빠르게 종식되느냐에 달려있다. 백신접종에도 불구하고 변이 바이러스가 계속 출현하고 있고, 국내적으로는 4차 팬데믹 상황이 발생했다. 세계경제는 상당기간 코로나19 상황에서 벗어나기 어려워 보인다. 이를 감안할 경우 세계경제의 회복이 강하게 진행되기는 어렵다.

국내 자영업자 등의 위기가
현실화될 수 있다

한편 코로나19 발생 이후 전 세계적으로 유동성을 확대했고, 이로 인해 인플레이션이 현실화됐다. 또한 주식, 부동산 등 자산시장의 거품도 커지고 있다. 미국 연준리에서 양적완화를 축소하는 테이퍼링에 대한 목소리가 높아지고, 한국은행에서는 2021년 8월에 기준금리를 0.25%p 인상했다.

국내 주식시장에서 외국인들은 2020년에 24.6조 원, 2021년 상반기에 17.5조 원의 자금이 이탈했다. 다행히 아직 채권시장에서 외국인 자금 이탈은 나타나지 않고 있다.

한국은행의 기준금리 인상은 저금리로 인해 가계대출이 급증하고 있다는 점이 한 요인이다. 가계대출 급증이 부동산, 주식 등 자산시장의 거품을 높이고 있다.

또 다른 이유는 국내 자본시장에서 외국인 자금 이탈에 대한 우려가 크다는 것이다. 일반적으로 우리의 금리수준은 미국보다 높아야 한다. 한-미 간의 금리가 역전될 경우 국내에서 외국인 자금 이탈이 가속화된다. 특히 1,100원선에 있는 환율이 급등할 경우 외국인들의 환차손에 대한 우려를 높인다.

한편 코로나19 확산으로 인해 자영업이 최대 위기를 맞았다. 2021년에는 누적된 자영업의 위기가 국내경제에 뇌관으로 작용할 수 있다. 한국은행에 따르면 2021년 3월 말 자영업대출은 831.8조 원으로, 이 중에서 개인사업대출이 541.0조 원, 가계대출이 290.8조 원이다. 이로 인해 3월 말 가계신용잔고는 1,765.0조 원으로 2021년 1분기에만 가계신용이 37.6조 원이 증가했다. 자영업대출과 가계신용을 합칠 경우 GDP의 100%가 넘어간다.

코로나 위기로 인해 2021년 9월까지 원금과 이자 상환이 유예된 자영업 대출이 재연장될 가능성이 높다. 현재 코로나 위기 상황이 해소되기보다는 7월 12일부터 서울·경기지역은 거리두기 4단계로 오히려 강화됐다. 이를 감안할 경우 자영업자들이 정상적인 영업을 통해 원리금을 상환하기란 어렵다.

이러한 가운데 한국은행에서는 2021년 8월에 금리를 인상했고, 연내 추가로 금리를 인상할 가능성이 높다. 한은의 금리 인상은 자영업의 어려움을 가중시킬 수밖에 없다.

국내 신용갭은
외환위기 이후 최고 수준이다

국제결제은행(BIS)은 한국의 기업부채와 가계부채가 가파르게 증가하면서 민간부채 위험 수준이 11년 만에 '경보'단계에 진입했다고 경고하고 있다. BIS에 따르면 2020년 2분기 한국의 신용갭*은 13.8%p로, 외환위기 이후 20년내 최고치라고 밝혔다. 한국의 신용갭은 부채부담이 큰 신흥국으로 꼽히는 태국, 멕시코, 아르헨티나보다 높은 수준이다.

> **신용갭**: 가계와 기업부채를 합한 민간신용의 증가액이 당해 명목 국내총생산(GDP)에서 차지하는 비율을 의미한다. 국제결제은행(BIS)에서는 신용갭이 2% 미만이면 '보통', 2~10%이면 '주의', 10% 이상이면 '경보' 단계로 분류함

신용갭은 가계, 기업의 부채가 실물경제 수준과 비교해 얼마나 증가되었는지를 산출하기 위해 활용되는 지표다. 명목 국내총생산(GDP) 대비 가계·기업부채 비율이 장기 추세치에서 벗어난 정도인데,

▶ **그림 2-4** BIS 한국의 신용갭 추이(%p)

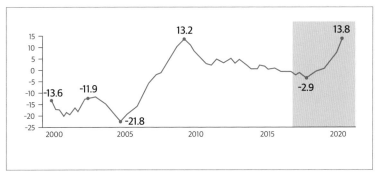

자료: BIS

민간 부문 부채가 증가하는 속도를 보여준다.

　세계 3대 투자가로 불리는 짐 로저스 로저스홀딩스 회장은 그의 저서 『위기의 시대, 돈의 미래』에서 각국의 재정악화와 버블에 대해 경고하고 나섰다. 2008년 이후 각국 정부는 수조 원에 달하는 돈을 찍어냄으로써 부채가 급증했고, 과거 세계경제 위기 당시 주가 폭락, 기업도산, 대량실업 등이 본격적으로 나타나기 직전과 현재의 상황이 닮은 꼴이라고 했다. 특히 한국의 경우 주식 버블이 본격화한 대표적인 국가로, 개인투자자들이 큰 돈을 잃을 수 있는 시기라고 경고하고 나섰다.

달러화 예금으로
위기에 대비하자

　2021년 들어 외환시장이 변화 조짐을 보이고 있다. 2021년 1월에 1,080원선까지 하락했던 달러-원 환율은 9월 현재 1,170원선으로 상승했다. 2021년 들어 외환시장의 변화조짐은 글로벌 달러화가 강세로 돌아섰기 때문이다. 여기에는 미국 연준리의 통화정책 변화 가능성이 주요 요인으로 작용하고 있다. 향후 미국 연준리가 테이퍼링을 본격화할 경우 달러-원 환율 상승 압력은 커질 것이다.

　국내 상품수지/경상수지 등 실물부문의 흑자를 고려할 경우 원화가 저평가된 것으로 볼 수 있다. 원화의 저평가 정도를 살펴보면 OECD에서 발표하는 우리의 실질실효환율은 2021년 5월 현재 97.52

▶ 표 2-1 적정 달러-원 환율 수준

(단위: 원)

	OECD 실질실효환율	저평가 정도	기간 평균환율	적정환율 수준
2021년 5월	97.52	2.5%	1,123.39	1,095.53

로, 저평가 정도는 2.5%이다. 실질실효환율 측면에서 적정환율 수준은 1,095원 수준이다. 현재 45원 정도 저평가되어 있다.

원화의 적정환율 수준을 고려할 때 달러-원 환율이 하락하더라도 하락폭은 크지 않을 것 같다. 2017년과 2018년 실질실효환율이 101.1과 102.4로 원화가 고평가 영역에 있었고, 당시 달러-원 환율 최저치는 2017년 1,070.50원, 2018년 1,054.20원이었다.

한편 2008년 글로벌 금융위기가 미국의 서브프라임 모기지대출 부실에서 비롯된 외부적 위기였다면, 현재의 상황은 국내 자영업, 부실기업, 가계신용 등 내부적 위험요인들이 산적해 있다. 이들 위험요인들은 어떤 식으로든 정리가 불가피하다. 내부적 위기 발생 가능성이 잠재해 있다. 자영업을 비롯한 내부적 위기가 발생할 경우 달러-원 환율은 급등할 수밖에 없다. 원화가치가 급속히 하락할 수 있다.

현재 원화의 저평가 정도가 크지 않은 반면, 국내 위험요인들이 산적해 있다. 특히 미국 연준리가 금리 인상을 본격화할 경우 달러화가 강세를 나타낼 수밖에 없다. 현재 미국 달러화 보유시 환차익에 대한 기대도 높고, 향후 발생할지 모를 위기에 대비한다는 측면에서 달러화 예금을 적극 검토할 필요가 있다. 필자는 달러화 예금을 통해 향후 다가올 위기에 대비하길 권고한다.

우리의 외환보유고는
위기를 대비하기에 충분한가?

우리의 외화자산과 부채구조로 볼 때 1997년과 같은 외환위기가 재발할 가능성은 낮다. 그러나 국내외적으로 경제 및 금융시장에서 위기가 발생할 경우 국내자본시장에서 외국인 자금 이탈 등으로 인해 달러-원 환율 급등은 불가피하다.

우리는 세계 8위의
외환보유국으로 성장했다

우리나라는 1997년 IMF 외환위기 이후 외환보유고를 지속적으로 확충한 결과 2021년 8월 말 현재 4,639.3억 달러로 세계 8위의 외환보유국으로 성장했다. 1997년 외환보유고가 바닥나 IMF라는 어려움을 겪은 것과 비교할 때 괄목할 만한 증가이다. 외환보유고 세계 1위는 중국으로 3조 2,359억 달러, 2위인 일본은 1조 3,865억 달러, 3위인 스위스는 1조 862억 달러 등이다. 대만이 5,431억 달러, 홍콩이

▶ **표 2-2** 국가별 외환보유액(2021년 7월 말 기준)

(단위: 억 달러)

중국	일본	스위스	인도	러시아	대만	홍콩	한국	사우디	싱가포르
32,359	13,865	10,862	6,201	6,010	5,431	4,948	4,587	4.414	4,077

자료: 한국은행

4,948억 달러로 우리보다 많은 외환보유고를 가지고 있다.

외환보유액 산출 방식은 국가마다 조금씩 다르지만, 일반적으로 정부기관이 가지고 있는 외평채*와 통화당국이 보유한 순외화 자산을 말한다. 달러화, 엔화, 유로화 등의 외환과 금을 모두 포함한다. 국가지급 불능사태에 대비하고, 외환시장 안정 목적으로 보유한다. 외환보유액은 필요한 경우 통화당국이 언제든지 대외지급에 사용할 수 있는 유동성과 어느 채권자에게나 영수될 수 있는 수용성 및 가치변동이 심하지 않은 안정성을 갖추어야 한다.

외환보유액은 크게 정부가 환율안정을 목적으로 외평채 발행을 통해 조성하는 '외국환 평형기금'과 통화당국이 통화안정증권을 발행해 조성하는 순외화자산이 있다. 또한 해외 및 국내 보유금, SDR(특별인출권), IMF포지션 등이 있다. 2021년 8월 현재 외환보유액은 유가증권 4,149.0억 달러로 90.2%, 예치금 209.9억 달러로

> **외평채:** 환율 안정용 기금인 '외환평형기금' 조성을 위해 정부가 발행하는 채권이다. 원화와 외화표시의 2가지로 발행할 수 있는데, 1998년부터 외화표시 증권이 발행되고 있다. 만기는 5년과 10년 두 종류가 있으며, 미 재무부채권(TB) 금리에 가산금리가 부과됨

> **통안채:** 한국은행이 시중 통화량 조절을 위해 금융기관을 상대로 발행하는 채권이다. 통안채 발행량 증감을 통해 시중 유동성을 조절함

4.8%, 금 47.9억 달러로 1.1%, IMF포지션 45.8억 달러로 1.0%, SDR 35.0억 달러로 0.8%로 구성되어 있다. 외환보유액의 대부분이 통화당국이 통안채*를 발행해 조성한 순외화자산이다.

외환보유액은 통화당국이
외환시장에 개입한 결과이다

통화당국의 외환시장 안정화 노력이 없을 경우 외환보유액은 크게 환율 등락과 국제수지에 의해 변동한다. 2020년 경상수지는 752.8억 달러 흑자를 기록했다. 환율 1,100원으로 환산할 경우 82.8조 원이다. 우리는 1998년부터 경상수지 흑자가 지속되고 있고, 1998~2020년 기간 동안 경상수지 흑자규모는 9,228.8억 달러이다. 이를 원화로 환산할 경우 1,000조 원이 넘는다. 경상수지 흑자가 모두 국내 본원통화로 풀릴 경우 시중유동성이 급증할 수밖에 없다. 시중유동성 증가가 경기활성화에 도움을 주지만 국내 물가 급등과 부동산·주식 등 자산시장 가격 급등의 부작용을 유발한다.

이런 부작용을 막기 위해 통화당국은 경상수지 흑자 등을 통해 국내로 유입되는 유동성을 통화안정증권 발행을 통해 흡수한다. 이 과정에서 통화당국이 흡수한 유동성은 해외증권 형태로 외환보유고에 쌓인다. 이와 같이 국제수지 불균형에 따른 본원통화공급의 증감효과를 상쇄하는 중앙은행의 시장개입을 '불태화개입(sterilized intervention)'이라고 한다. 즉 국제수지불균형상태에서 화폐공급을 일

정하게 유지하는 것을 '불태화정책'*이라고
한다. 중앙은행의 불태화정책도 직접적으로
외환시장개입의 한 형태로 볼 수 있다.

한편 세계경제 및 금융시장에서 우리의
영향력도 상당히 높아졌다. 2005년 4월 당
시 한국은행 박승 총재는 우리 외환보유고
수익률 제고를 위한 외환보유고의 다변화
이야기로 국제금융시장에 충격을 준 적이
있다. 2005년 3월 말 당시 우리의 외환보유고는 2,054억 달러로 세계
4위의 외환보유국이었다. 세계 4위의 외환보유국의 달러화 비중 축
소 이야기에 전 세계 금융시장이 즉각적으로 반응했었다.

이후 박승 총재는 달러화의 대량 매각은 없다고 해명하면서 해프
닝으로 끝났다. 지금은 우리의 외환보유액이 2005년에 비해 2배 이
상 증가해 당국자의 한마디 한마디가 세계금융시장에 파장을 불러
올 수밖에 없다.

불태화정책: 해외로부터
유동성 증가를 막기 위
한 정책이다. 경상수지
흑자, 외자유입 증가 등
으로 국내 유동성이 늘
어날 경우 물가 상승 등
의 부작용이 큰 만큼 통
화당국은 통안채 발행,
재할인율 인상 등의 수
단을 통해 국내 유동성
증가 요인을 제거함

우리의 외환보유액은
과연 적정할까?

한 나라의 적정 외환보유액을 가늠하기는 어렵다. 외환보유액이
과도할 경우 관리비용 문제가 발생한다. 외환보유액 대부분은 통화
당국이 통안채 발행을 통해 조성한 금액이기 때문에 이자를 지불해

▶ **표 2-3** 국내 채권, 채무현황, 자본시장의 외국인 보유잔고

(단위: 억 달러)

자산	외환보유액		4,639.3
	해외채권	단기	6,515.5
		장기	4,095.2
부채	해외부채	단기	1,779.8
		장기	4,261.9
	자본시장 외국인 보유금액	주식	7,082.1
		채권	1,705.5
외화 순자산			420.7

자료: 한국은행, 금융감독원
주: 외환보유액은 2021년 8월 말, 해외채권, 부채는 2021년 6월 말 기준. 국내 자본시장 외국인
보유금액은 2021년 7월 말 기준. 환율적용은 2021년 7월 평균환율 1,145.14원 적용

야 한다. 한편 외환보유액은 언제든지 가용 가능한 자산으로 보유해야 하고, 가치변동성이 낮아야 한다. 이러한 외환보유액 특성으로 인해 외환보유액 대부분을 안전자산인 미국 국채로 보유한다.

현재 4,600억 달러가 넘는 우리의 외환보유액은 충분한가? 이에 대해서는 대외채권, 채무와 국내 주식, 채권으로 들어와 있는 외국인 투자자금을 통해 종합적으로 살펴볼 필요가 있다.

2021년 7월 말 현재 외국인 국내 증권보유금액은 상장주식 811.0조 원(시가총액의 29.4%), 상장채권 195.3조 원(상장잔액의 8.9%)으로 총 1,006.3조 원이다. 이를 2021년 7월 평균환율 1,145.14원으로 환산할 경우 약 8,787.6억 달러이다. 2021년 6월 말 대외채무(단기+장기)는 6,041.7억 달러이다. 국내 외국인 증권보유금액을 부채로 간주한 부채 총계는 1조 4,829.3억 달러이다. 한편 해외채권(단기+장기)은 1조

610.7억 달러, 외환보유액 4,639.3억 달러를 합칠 경우 외화자산은 1조 5,250.0억 달러이다.

우리는 2021년 6월 말 현재 대외순채권을 4,569억 달러 보유한 순채권국이다. 또한 국내에 들어와 있는 외국인 주식과 채권 보유금액을 부채로 볼 경우에도 420.7억 달러 순자산을 가지고 있다. 해외채무 중 단기채무비중은 29.5%로 낮고, 단기채권비중은 61.4%로 높다. 대외채권, 채무 만기불일치에 따른 유동성 위기가 발생할 가능성도 낮다.

또한 우리나라는 미국, 중국, 캐나다 등 세계 주요 9개국과 통화스와프를 체결하고 있다. 미국과 체결한 통화스와프 600억 달러는 2021년 9월까지이지만, 연장될 가능성이 높다. 캐나다와 통화스왑은 사전한도가 정해져 있지 않아 위기시 무제한으로 통화스왑이 가능하다. 우리나라가 세계 다수의 국가와 통화스왑을 체결하고 있다는 점도 하나의 안전판 역할을 하고 있다.

현재 우리의 외화자산과 부채구조로 볼 때, 1997년과 같은 IMF의 외환위기가 재발할 가능성은 없다. 4,600억 달러가 넘는 외환보유액이 위기시 대응하기에 부족하지는 않다. 오히려 외환보유액 증가로 인한 관리비용 부담을 고민해야 할 것 같다. 그렇지만 2000년 IT버블 붕괴, 2008년 글로벌 금융위기와 같은 국내외적으로 경제 및 금융위기가 발생할 경우 자본시장에서 외국인 자금의 급속한 이탈은 피할 수 없다. 이로 인해 달러-원 환율 급등은 불가피하다. 우리는 미국, 일본과 같이 안전통화국이 아니기 때문이다.

지난 몇 년 전부터 해외주식, 해외채권 등에 대한 투자가 붐을 이루고 있다. 해외자산투자에 있어 투자자산에 대한 직접적인 수익뿐만 아니라 환율 변동에 따른 손익도 중요하다. 해외증권투자에서 수익을 얻더라도 환차손이 크게 발생할 경우 전체적으로 손실을 볼 수도 있다. 해외증권투자시 환율 변동 위험에 노출된다. 3장에서는 미국, 중국, 일본, 호주 등의 해외자산에 대한 투자메커니즘에 대해 다루었다.

3장

환율과 투자의
메커니즘을 알면
돈이 보인다

달러로 돈 버는 방법은
따로 있다

달러화 약세국면에서 미국 투자비중을 줄이고, 달러화 강세국면에서 미국 투자비중을 늘리는 것이 투자수익률을 높일 수 있는 방안이다. 2008년과 같은 글로벌 금융위기시에는 환차익으로 인해 미국 달러화 자산에 투자하는 것이 유리하다.

미국 달러화는
세계 유일의 기축통화

일국의 통화가치에는 무수히 많은 요인들이 영향을 미친다. 미국의 달러화는 세계 기축통화이다. 기축통화는 국가 간의 결제나 금융거래의 기본이 되는 통화이다. 1차 세계대전 이전까지는 영국의 파운드화가 기축통화 역할을 했지만, 1944년 7월 브레튼

> **브레튼우즈체제:** 1944년 7월 뉴햄프셔 주의 브레튼우즈에서 개최된 44개 연합국대표회의로 탄생한 국제통화제도로, 미국 달러화를 기축통화로 금 1온스를 35달러에 고정시켜 통화 가치를 안정시키려고 한 환율제도이다. 브레튼우즈체제 출범으로 달러화 기축통화시대가 열림

우즈체제* 출범과 더불어 미국 달러화가 세계 유일의 기축통화로 자리매김했다. 기축통화국은 경제력뿐만 아니라 군사적으로도 압도적 위치에 있어야 하고, 화폐의 전 세계적 유동성을 가지고 있어야 한다. 또한 금융시장이 고도로 발달되어 있어야 한다.

21세기 들어 미국 달러화의 기축통화 지위가 흔들리고 있지만, 아직 달러화를 대체할 수 있는 국가나 수단은 없다. 기축통화라는 것은 세계에서 어느 통화보다 안전한 통화라는 의미이다. 따라서 글로벌 경제 및 금융시장에서 위기가 발생할 경우 미국 달러화가 안전자산으로 부각된다. 이 경우 당연히 달러화가 강세를 나타낸다.

미국 달러화 움직임에는
안전자산이라는 요인이 크게 작용

미국 달러화 약세는 우리나라 통화입장에서는 원화 강세이다. 미국 달러화가 특정국의 통화에 대해서만 강세나 약세를 나타내는 경우는 드물다. 1997년 우리나라를 비롯한 일부 동아시아 국가들의 외환위기, 2010년 유럽재정위기와 같은 국지적인 문제가 발생할 경우, 미 달러화는 해당통화에 대해서 강세나 약세를 나타낸다.

일반적으로는 미국 달러화는 유로화, 일본 엔화, 영국 파운드화, 중국 위안화 등 대부분의 통화에 대해서 동반해서 움직인다. 즉 달러화가 글로벌적으로 약세나 강세를 나타낸다. 이는 미국 달러화가 국제 금융의 기본이 되는 기축통화이기 때문이다.

따라서 어떤 요인을 가지고 미국 달러화 움직임을 일률적으로 판단하기는 어렵다. 경제가 침체국면에 있을 때나 통화정책 측면에서 기준금리를 인하할 경우 해당국가 통화는 약세를 보이는 것이 일반적이다. 그러나 미국의 달러화는 이러한 일반적인 통화 움직임과 궤를 같이하지는 않는다. 즉 미국의 경기침체에도 불구하고 달러화가 강세를 나타내는 경우가 있고, 연준의 통화정책과 달러화가 반대로 움직이는 경우도 흔하다. 이는 미국 달러화가 안전자산이라는 요인이 크게 작용하고 있기 때문이다.

위기 발생시 미국 달러화는 오히려 강세를 나타냈다

달러화에 영향을 크게 주는 요인은 미국의 경기상황, 금융·재정정책, 무역·경상수지 등과 안전자산으로서의 부각 여부이다. 2000~2015년 기간 동안 크게 5차례의 달러화 움직임의 변화가 있었다. 이 중에서 2002년 2월~2004년 12월, 2005년 11월~2008년 4월 기간은 달러화 약세국면이었고, 2005년 3월~2005년 12월, 2008년 7월~2009년 3월, 2011년 8월~2015년 12월 기간은 달러화 강세국면이었다.

국면별 미국 달러화에 영향을 크게 미친 요인들을 살펴보면, 2002년 2월부터 2008년 4월까지 달러화 약세와 달러화 강세가 반복됐는데, 여기에는 미국의 경기상황과 통화정책이 주요 요인이었다. 이 기

▶ 그림 3-1 미국 달러화 인덱스와 기준금리 추이

자료: 블룸버그, 미 연준

전미경제연구소: 1920년에 설립된 미국의 비영리 민간 연구조직으로, 미국경제에 대한 연구를 전문으로 하고 있음

간 미국의 경기상황은 2000년 IT버블 붕괴 이후 일시적으로 경기침체가 나타났고, 연준이 경기침체에서 벗어나기 위해 기준금리를 장기간 인하했던 시기였다. 미국 연준리는 2001년 1월부터 2003년 6월까지 6.5% 기준금리를 13차례에 걸쳐 1%까지 인하했다.

전미경제연구소(NBER)*에 따르면 미국경제는 2001년 3월부터 11월까지 8개월간 경기하강국면이 진행됐고, 당시 2001년 1/4분기부터 마이너스 성장을 보였다. 2001년 4/4분기부터 미국경제가 회복세를 나타냈지만, 회복의 강도가 강하지 않았다. 또한 당시 미국의 실업률은 2003년 6월까지 상승했다. 미국경제는 IT버블 붕괴 이후 연준리의 강도 높은 금리 인하로 2003년 이후 본격 회복세를 나타내게 되었다.

　연준의 금리 인하가 종료된 이후 1년 만인 2004년 6월부터 기준
금리를 인상하기 시작했고, 달러화는 2005년 3월부터 강세를 나타냈
다. 당시 미국의 달러화 강세는 2005년 11월에 마무리됐지만, 연준리
의 기준금리 인상은 2006년 6월까지 지속됐다. 미국경제는 2005년
3.5% 성장을 고점으로 점차 둔화됐지만, 연준의 기준금리 인상이 길
어진 것은 부동산시장 등 자산시장에 버블 우려가 컸기 때문이다.

　2005년 11월 이후 달러화가 약세로 돌아선 것은 2005년을 기점으
로 미국경제가 점차 둔화됐고, 2006년 중반 이후에는 미국의 금융위
기에 대한 우려가 제기됐기 때문이다. 2007년 2월 미국의 서브프라
임 모기지업체 부실이 본격 제기됐고, 6월 22일 베어스턴스 소속 헤
지펀드 2곳에 32억 달러의 자금이 투입됐고, 8월 16일에는 컨트리와
이드파이낸셜에 115억 달러의 긴급자금이 투입됐다. 급기야는 2007

▶ **그림 3-2** 미국 경제성장률

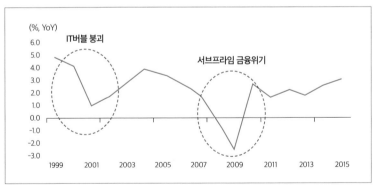

자료: 미국 상무부

년 9월부터 연준리가 기준금리 인하에 나섰다.

2008년 1월에 JP모건의 베어스턴스 인수, 9월 리먼브라더스 파산, BOA의 메릴린치 인수, 9월 구제금융지원 등 미국의 서브프라임 금융위기가 본격화됐다. 2008년 미국의 금융위기가 본격화됐고, 이로 인해 미국경제도 침체국면에 빠졌다.

당시 달러화는 2008년 3월 중순까지 약세를 나타낸 이후 리먼브라더스 파산 등 금융위기가 본격화된 시기에 오히려 달러화가 강세를 나타냈다. 2008년 3월 중순 이후 달러화 강세는 미국의 모기지대출 부실(서브프라임)이 촉발한 글로벌 금융위기로 인해 전 세계 금융시장에서 안전자산 선호현상이 강해졌기 때문이다. 즉 2008년 초부터 달러화 자산에 대한 수요가 커졌다.

환율만 고려한다면 달러화 강세시
미국 달러화 자산에 투자가 유리하다

2011년 중반 이후 글로벌 달러화 강세가 장기간 진행된 것은 금융위기 이후 미국의 경제상황이 다른 국가에 비해 좋았기 때문이다. 특히 유로경제는 2009년 그리스 재정위기가 발생했고, 포르투갈·아일랜드·스페인·이탈리아 등에서도 재정위기 가능성이 높아지며 불안감을 높였다.

앞서 언급했듯이 미국 달러화의 움직임이 통화정책이나 경기상황과 완전히 일치하지는 않는다. 미국의 모기지 대출 부실이 2008년 글로벌 금융위기를 촉발했음에도 불구하고 달러화가 오히려 강세를 나타냈다. 이렇게 볼 때 미국의 달러화의 움직임에는 기축통화라는 요인이 상당히 크게 자리잡고 있다.

달러화 국면별 투자메커니즘은 단순하다. 미국의 달러화 강세 국면에서는 달러화 자산 비중을 확대하는 것이 유리하고, 달러화 약세 국면에서는 달러화 자산 비중을 축소하는 것이 투자수익률을 높일 수 있는 방안이다. 단순히 환율이라는 개념에서만 보면 달러화 움직임에 따라 달러화 자산에 대한 비중 조절을 통해서 대응하는 것이 유리하다.

해외자산에 대한 투자에 있어서 환율 변동은 중요하게 고려해야 할 요인이지만, 투자자산에 대한 수익률은 더욱 중요하다. 해외자산 투자에 있어서는 투자자산에 대한 수익률과 환율 변동에 따른 손익, 이 2가지를 고려해야 한다. 투자자산에 대한 수익을 얻더라도 환차손이 발생할 경우 해외투자에 있어 전체 수익이 축소되거나 손실을 볼 수도 있다. 반대의 경우 투자자산에 대한 수익뿐만 아니라 환차익까지 얻을 수도 있다.

2002~2011년 달러화 자산에 투자했을 경우 환차익이 발생했다

2002년부터 2011년까지 10년간 국내투자자가 미국의 다우산업지수에 투자했을 경우 투자수익과 환차손익에 따른 연간 수익을 추

▶ **표 3-1** 연간 미 다우지수 상승률과 달러-원 환율 변동률

	'02	'03	'04	'05	'06	'07	'08	'09	'10	'11
다우산업	-16.8	25.3	3.1	-0.6	16.3	6.4	-33.8	18.8	11.0	5.5
달러-원 환율	-9.7	0.5	-13.2	-2.3	-8.1	0.7	34.5	-7.5	-2.6	1.5
환율 변동을 감안한 수익률	-25.7	25.8	-10.1	-2.9	8.2	7.1	0.7	11.3	8.4	7.0

자료: 한국은행, Fnguide

주: 달러-원 환율 하락은 미국 달러화 자산투자시 환차손 발생, 상승은 환차익 발생,
전체 수익은 미국 다우 연간 변동률과 환율 변동분을 가감한 수익률

산해보았다. 원화 대비 달러화가 약세를 나타낸 2002년 다우지수는 16.8% 하락한 가운데 달러-원 환율도 9.7% 하락해 연간 수익률은 -25.7%로 환차손이 발생해 손실폭이 확대됐다. 반면 2008년 글로벌 금융위기 시기에 다우지수는 33.8% 하락했지만, 달러-원 환율이 34.5% 상승해 환차익이 다우지수 하락폭을 상쇄시켜 연간 수익률을 0.7% 기록했다.

[표 3-1]에서 보는 것 같이 2004년, 2005년, 2006년, 2009년, 2010년에는 달러화가 원화에 대해 약세국면으로, 이 시기에 미국 달러화 자산에 투자했다면 환차손이 발생해 손실폭이 확대됐다. 반면 2008년, 2011년에는 달러화가 원화에 대해 강세를 나타내어 미국 달러화 자산투자시 환차익이 발생했다.

미국 달러화 자산투자 수익률이
코스피 수익률을 크게 앞서진 못했다

미국 달러화 자산투자와 환율 변동 리스크가 없는 국내 증시에 투자했을 경우 투자수익률을 비교해보면, 2002~2011년 기간 중 2006년, 2008년, 2011년 미국 달러화 자산투자수익률이 국내 코스피 수익률을 상회했다. 2008년은 글로벌 금융위기로 달러화가 초강세를 나타낸 시기로, 미국 달러화 자산투자 수익률이 국내 코스피 수익률을 크게 상회했다.

한편 2002~2011년 기간 중 3개년을 제외하고는 국내 종합주가지수 상승률이 미국 달러화 자산투자 수익률을 크게 상회했다. 2004년, 2005년의 경우 환차손 발생으로 미국 달러화 자산투자수익률이 마이너스를 기록했지만, 국내 코스피는 큰 폭으로 상승했다. 2002~2011년 기간 중 2008년을 제외하고는 환율 변동 리스크까지 부담하면서 미국 달러화 자산에 투자해야 할 유인은 강하지 않다.

▶ 표 3-2 코스피 연간 상승률

	'02	'03	'04	'05	'06	'07	'08	'09	'10	'11
코스피	-9.5	29.2	10.5	54.0	4.0	32.3	-40.7	49.7	21.9	-11.0

자료: Fnguide

위기국면에서는
달러화 자산에 투자하는 것이 유리하다

2000년 이후 세계경제와 증시는 강한 동조화 현상을 보이고 있다. 세계경제의 동조화는 관세와 비관세 장벽 철폐 등으로 무역자유화가 빠르게 진행됐고, 운송비 부담 감소, 인터넷 등 통신수단의 발달로 전 세계가 하나의 시장처럼 움직이고 있기 때문이다. 또한 각국의 금융시장 개방으로 인한 자본시장 통합은 국가 간 경제적 연계성을 현저하게 높였다. 이로 인해 자본시장은 한 나라의 금융시장 충격이 다른 나라의 경제로 이전되는 통로가 되었다. 2008년 미국의 금융위기가 이를 잘 입증해주고 있다. 미국의 서브프라임 모기지 시장의 붕괴로 인해 발생한 금융위기는 전 세계경제 및 금융시장에 엄청난 충격을 주었다.

특히 국내경제는 수출의존도가 높은 소규모 개방경제로 대외경제 여건에 민감하게 반응한다. 즉 세계경제가 성장하는 시기에는 수출 증가와 더불어 국내경제가 상승국면에 있지만, 세계경제가 침체 상태에 접어들 경우 어느 나라보다도 큰 충격을 받는다.

국내 증시와 미국 증시가 단기간에 디커플링이 나타날 수는 있지만, 장기간 디커플링을 보이기는 어렵다. 국내외 증시가 강한 동조화를 보인다는 점에서 주가가 상승국면에서 군이 환율 변동 위험을 무릅쓰고 미국 증시에 투자해야 하는지는 의문이 크다.

한편 세계금융위기나 경기침체 시기에는 미국 달러화 자산에 투자하는 것이 유리하다. 우리는 2008년 미국의 서브프라임 금융위기에서 보았듯이 전 세계 금융위기 시기에는 미국 달러화 자산이 안전 자산으로 부각된다. 이 시기에는 달러화 초강세를 나타냈고, 미국 달러화 자산의 투자에서 환차익을 얻을 수 있었다. 미국 달러화 자산투자 손실을 환차익이 상쇄시켜주었다. 이처럼 세계 금융위기에는 국내 자산시장에 투자하는 것보다 미국 달러화 자산에 투자하는 것이 투자수익률이 높다.

이처럼 위기가 발생한 시기에는 국내 자산에 투자하는 것보다 미국 달러화 자산에 투자하는 것이 투자수익률을 높일 수 있는 방안 이다.

위안화로 돈 버는 방법은
바로 이것이다

원화와 위안화는 미국 달러화에 연동해서 움직인다. 원화와 위안화가 달러화에 대해 동반 강세나 동반 약세를 나타냄으로써 원/위안 환율은 상당히 좁은 범위에서 등락한다. 중국 투자시 가장 고려해야 할 것은 투자자산에 대한 수익이다.

2010년까지 중국경제는
비약적으로 성장했다

중국경제는 1970년대 말에 덩샤오핑이 집권한 이후 개혁 개방정책과 더불어 시장경제 체제로의 전환을 점차 추진했다. 당시 덩샤오핑은 농산물 가격을 시장에 맡겼고, 사기업의 성장을 허용했다. 또한 그는 경제특구를 설치해 해외자본과 기술 도입, 수출 확대에도 힘썼다.

1989년 톈안먼 사태 이후 대외개혁개방정책이 일시 중단되기도

▶ 표 3-3 중국경제의 비약적 성장

	국내총생산 (GDP) (10억 달러)	1인당 소득 (달러)	경제성장률 (%)	수출 (억 달러)	수입 (억 달러)	외환보유고 (억 달러)
1990	404.5	345.1	3.8	620.9	533.5	-
2000	1,192.9	955.7	8.4	2,492.0	2,250.2	1,657.4
2010	5,878.6	4,539.6	10.3	15,782.7	13,946.9	28,473.4

자료: 중국국가통계국, OECD, 인민은행

했었지만, 중국경제는 1980~2010년 기간 동안 연평균 10%의 높은 성장률을 보였다.

이러한 중국경제의 비약적 성장으로 2010년부터 일본경제를 추월해 세계 2위의 경제대국으로 성장했다. 2010년 기준 중국의 국내총생산(GDP)은 1990년에 비해 13.5배, 1인당 소득은 11.4배, 수출과 수입은 각각 24.4배, 25.1배 커졌다. 중국의 비약적 수출 증가에 힘입어 2010년 말 외환보유고는 2.9조 달러로 세계 1위의 외환보유국이 되었다.

중국의 넓은 국토와 많은 인구가 경제성장의 토대가 되었다. 2010년 이후 중국경제는 G2로서 세계경제에서 지위 향상과 역할도 커졌다. 2008년 글로벌 금융위기와 2010년 유로재정위기 시기에 중국은 막대한 재정지출을 통해 세계경제를 지탱하는 버팀목 역할을 하기도 했다.

중국경제의
고성장시대가 종료되다

그러나 2010년 이후 중국 경제성장 둔화가 빠르게 진행되고 있다. 중국경제는 2000~2010년 기간 연평균 10.3%의 성장을 기록했지만, 2010~2019년 기간 중 연평균 성장률은 7.2%로 낮아졌다. 특히 2014년 이후 중국 경제성장률은 6%대로 급속히 추락했다. 2020년 코로나19로 인해 중국의 경제성장률 하락이 불가피했지만, 이제 중국경제의 고성장시대는 끝난 것으로 보여진다. 한 나라 경제가 초기 고도성장단계를 거쳐 경제성장률이 낮아지는 성숙단계로 진입하는 것이 일반적인 성장모형이지만, 중국 경제성장 둔화가 너무 빠르다는데 문제가 있다.

중국은 그동안 정부주도의 계획경제하에서 고도성장을 이룩했었다. 그러나 시장의 자율성과 경제주체들의 생산성을 높이는 쪽으로 이전되어야만 한 나라 경제가 한 단계 더 도약할 수 있다. 그러나 중국경제는 여전히 정부주도의 경제성장모형을 벗어나지 못하고 있다. 특히 경제의 비효율성이 높은 공기업이 비대해 있고, 기업 및 금융기관 부실도 상당히 심각하다.

2018년 3월에 시작된 미-중 무역전쟁은 향후에도 중국경제에 부담요인이다. 이는 미-중 무역전쟁의 근본원인인 중국의 미국에 대한 대규모 무역수지 흑자와 지적재산권 보호 등의 문제가 해결되지 못하고 있기 때문이다. 뒤에서 자세히 다루겠지만, 미-중 무역전쟁으로 인해 수출주도의 중국경제에 일대 변화가 불가피해졌다.

쌍순환 전략으로 전환했어도
장기적인 성장률 둔화는 불가피하다

중국정부는 해외시장 진출 등 수출주도의 경제성장모델이었던 '국제대순환론'*에서 벗어나 '내수 위주의 쌍순환 전략'*으로 2035년까지 중진국경제로 도약할 계획이다. 2020년부터 시작된 쌍순환 경제구축을 위한 내수확대정책에 따라 신인프라, 신산업, 신소비 수요가 지속적으로 확대될 예정이다.

그러나 제조업 성장과 SOC, 부동산투자 등 고정자산투자가 중국경제성장을 이끌어왔다. 수출에서 내수소비 전환이 제조업 성장을 이끄는 데는 한계가 있고, 고정자산투자부문에서 지방정부를 비롯한 부실이 심각한 것으로 나타나고 있다. 중국경제는 수출·고정자산투자·소비, 이 3축에 의해 성장해왔지만 수출과 고정자산투자 2축이 흔들리고 있다. 또한 수출이 한계에 부딪친다면 제조업 성장에도 문제가 발생하고, 이로 인해 실업문제가 심각해질 것이다.

2020년 코로나19 사태 후 시행된 강력한 경기부양책과 기저효과로 2021년에는 중국경제가 높은 성장률을 보

국제대순환론: 중국 국가계획위원회 계획경제연구소 완첸이 제안한 경제성장 구상으로, 중국의 풍부한 노동력을 이용해 노동집약형의 수출산업을 부흥시켜 세계시장으로부터 외화를 획득하고 여기에서 얻는 자금으로 중공업을 발전시킨 다음 농업을 지원하는 내용이다. 세계시장을 매개로 중공업과 농업의 순차적인 성장을 이루겠다는 구상임

쌍순환 전략: 중국이 2021년부터 2025년까지 향후 5년간의 경제사회 발전 방향과 목표로 제시한 전략. 이는 미-중 무역분쟁, 코로나19, 저출산과 고령화 등 복잡한 대내외 환경에 대한 대응으로 그동안 수출주도형 성장에서 수출과 내수의 투트랙 전략으로 경제성장 노선을 변경한 것을 지칭함

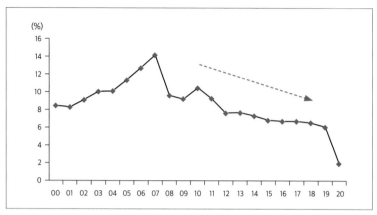

▶ **그림 3-3** 중국경제 장기 성장률 추이

자료: 국가통계국

일 것이다. 그러나 미-중 무역전쟁으로 대외부문이 성장의 발목을 잡고 있고, 내수 위주의 성장전략도 큰 효과를 발휘하기는 어려울 것이다. 중국정부의 쌍순환 전환 전략에도 불구하고 장기적인 경제성장률 둔화는 불가피하다.

중국의 낮은 환율 변동성으로 환위험은 낮다

중국 위안화 자산에 투자할 경우 위안화가 강세시 환차익이 발생하고, 위안화 약세시 환차손이 발생한다. 그러나 중국 위안화 환율은 우리와의 직접적인 문제라기보다는 미국 달러화와 직접적으로 연관되어 움직인다. 즉 달러-위안 환율에 의해 위안-원 환율이 결정되는 구조다. 따라서 위안-원 환율 예측은 더 복잡하지만, 중국은 현재 ±2%의 관리변동환율제를 채택하고 있다. 이로 인해 위안-원 환율 변동은 제한적이다. 환율 변동이 제한적이라는 것은 환위험이 낮다는 이야기다.

앞서 우리는 해외투자에 있어서 투자대상에 대한 투자수익과 환율변동 위험, 이 2가지를 고려해야 한다고 했다. 중국자산투자에 있어 환율변동위험이 적다는 점에서 직접적인 투자수익이 중요하다. 2020년 코로나19 사태로 인해 전 세계경제가 어려운 시기를 겪었고, 이 어려운 상황은 2021년에도 지속되고 있다. 그렇지만 전 세계증시는 2020년 3월을 저점으로 크게 상승했다. 미국 다우지수와 나스닥지수가 사상 최고치를 기록했고, 국내 종합주가지수도 3000선을 넘어 사상 최고치를 경신하고 있다. 또한 일본 니케이225지수도 30년 만에 최고치이다.

글로벌 증시 상승과 더불어 중국 상해종합지수도 2021년 7월 13일 현재 3566.52p로 2020년 연초 대비 15.7% 상승했다. 그러나 상해종합주가지수가 2007년 10월 최고치가 6124.04p라는 점을 고려할 때 여타 국가에 비해 중국증시 상승률은 저조하다. 세계증시 중에서 중국증시 상승률이 저조한 것은 중국경제의 성장모멘텀이 점차 약해지고, 미-중 무역분쟁 등으로 외국인 자금이 중국시장을 외면하고 있기 때문이다.

한편 외환시장 쪽의 움직임을 살펴보면 달러-위안 환율은 2020년 들어 5월까지 7.0위안을 상회한 이후에 12월 말에는 6.54위안으로

▶ **그림 3-4** 달러-위안 환율, 위안-원 환율 추이

자료: 한국은행

하락했다. 달러-위안 환율이 미국과의 무역전쟁으로 상반기 중 상승했지만, 하반기에는 글로벌 달러화 약세 영향으로 급속히 하락해 연간으로는 6.1% 하락했다. 2020년에 위안화는 달러화에 대해서 강세였다.

2020년 위안-원 환율을 살펴보면 연중 내내 등락하는 가운데 연간으로는 0.7% 상승했다. 원화와 중국 위안화가 미국 달러화에 대해서는 공히 강세를 나타냈지만, 위안-원 환율은 연간으로는 큰 변동이 없었다.

위안-원 환율이 변동성이 크지 않은 것은 위안화와 원화 모두 달러화 대비 강세를 나타냈기 때문이다. 위안화와 원화가 양국의 환율에 미치는 영향보다 미국 달러화의 영향력이 절대적이다.

중국 위안화 자산투자에는 신중해야 한다

만약 국내투자자가 중국 위안화 자산에 투자할 경우 위안-원 환율의 변동성은 크지 않기 때문에 환차익이나 환차손이 투자수익에 미치는 영향은 크지 않다. 따라서 중국투자에 있어서 투자자산에 대한 투자수익을 최우선으로 고려해야 한다. 2020년 한해 동안 중국 상해 종합지수는 12.6% 상승한 반면, 국내 종합주가지수는 32.1% 상승했다.

2020년에 투자수익률 측면에서 중국 주식보다 국내 주식의 수익률이 훨씬 높았다. 국내외 주가지수가 모두 크게 높아져 있다는 점에서 향후 큰 변동성을 보일 것이다. 그렇지만 중국경제의 장기적인 성장모멘텀이 약화되고, 미-중 무역전쟁 등 불안요인이 내재해 있어 상당기간 중국의 위안화 자산투자에는 별 호재가 없을 것이다. 중국투자에는 신중해야 할 것으로 보인다.

엔화로 돈 버는 방법은
여기에 있다

일본경제가 장기 저성장국면에서 벗어나기는 어렵고, 현재 주가와 실물 간의 괴리
도 크다. 게다가 향후 일본 주가조정이 예상되는 만큼 일본 엔화 자산투자는 매력
적이지 못하다.

일본경제의 장기 저성장에 따른
디플레이션국면이 지속되다

> **플라자합의**: G5의 재무
> 장관들이 외환시장 개입
> 에 의한 달러화 강세를
> 시정하도록 결의한 조치

　　　　　　　　　　일본경제는 1990년 이후 소위 '잃어버린
30년'이라 일컬어지는 장기 저성장국면에
접어들었다. 1985년 플라자합의* 이후 가파
른 엔화 절상으로 인해 수출 가격경쟁력이
급속히 하락했고, 이에 따라 수출 둔화가 빠르게 나타났다. 일본 당
국은 경기침체를 우려해 1980년대 후반에 금리 인하로 대응했고, 가

계와 기업이 레버리지를 이용한 부동산투자로 부동산가격이 급등하게 되었다.

일본은행은 부동산버블을 우려해 1989년 5월부터 급격하게 기준금리를 인상함에 따라 1990년 이후 부동산가격이 급속히 하락하기 시작했다. 부동산시장 붕괴가 가계와 기업의 파산을 촉발했고, 대출을 늘려왔던 은행들에게 대규모 부실채권이 발생하게 되었다. 은행, 신용금고 등 금융기관들이 파산하기 시작하면서 기업투자와 소비심리가 더욱 위축되었다.

이처럼 1985년 플라자합의가 일본의 경기부진을 초래했지만, 이후 일본정부의 정책실패와 급속한 고령화로 인해 1998년 이후 물가가 하락하는 디플레이션 현상까지 나타나게 되었다. 채무자들은 자산가격 하락을 우려해 자산매각에 나서게 되면서 자산가격이 더욱 하락하는 부채디플레이션*도 발생하게 되었다.

일본경제가 유동성 함정*에 빠지게 되면서 정부의 재정·금융정책이 별 효과를 나타내지 못했다. 일본경제는 1990년 이후 자산시장 버블 붕괴, 고령화와 저출산 문제로 인한 생산성 저하 등으로 디플레이션 국면에서 벗어나지 못하면서 장기 저성장국면이 지속됐다.

> **부채디플레이션**: 적정한 수준의 부채는 소비를 증가시키고 인플레이션을 발생시키지만, 과도한 부채는 상환 부담으로 이어져 오히려 소비가 줄어드는 악순환을 의미한다. 게다가 빚을 갚기 위해 갖고 있는 부동산을 투매할 경우 집값이 더 폭락하는 악순환이 나타남

> **유동성 함정**: 통화당국이 금리 인하 등을 통해 시중 유동성을 확대해보지만 기업의 생산과 투자, 가계의 소비가 늘지 않은 상태로 마치 경제가 함정(trap)에 빠져 있는 것을 의미함

저성장국면을 벗어나기 위해 모든 수단을 동원하다

일본 정부는 그 동안 장기 경기침체에서 벗어나기 위해 많은 노력을 기울였다. 특히 아베정부에서는 지난 20년간 지속된 경기 침체에서 벗어나기 위해 연간 물가목표 2%를 상한선으로 정하고, 사용 가능한 모든 수단을 동원했다.

아베정부는 제로금리, 양적완화* 등 과감한 금융완화정책(통화정책 확대)과 엔화 평가절하, 인프라투자 확대 등 적극적인 재정정책을 추진했다.

이미 일본의 금리는 제로수준으로까지 낮아져 있어서 금리 카드를 더 이상 쓸 수 없는 상황이라 양적완화를 할 수밖에 없었다. 즉 시중에 유동성을 확대하는 것이 아베노믹스의 핵심적인 정책이었다. 일본은행은 일본정부가 발행한 국채나 민간채권을 매입해줌으로써 자연스럽게 시중에 유동성을 공급해주는 형태로 양적완화를 시행했다. 시중에 엔화 유동성이 많아짐에 따라 자연스럽게 엔화의 가치도 떨어지게 되었다. 엔화의 가치하락은 세계시장에서 일본 제품의 가격 경쟁력을 높여 수출을 증가시킨다.

아베노믹스는 유동성 확대와 인위적인 엔저 현상을 통해서 투자 및 소비 확대를 유도하고 일본 기업의 수출을 증대시켜 경기를 활성화시키는 정책이었다. 또한 엔저는 수입물가를 상승시켜 인플레이션에도 영향을 미친다. 일본경제는 지난 20년간 디플레이션이 문제였으므로 적정량의 물가 상승은 경제 성장에 필수적이다.

일본경제는 고질적인 내수 부진을 극복하지 못했다

아베정부의 재정확대와 금융완화 노력에 힘입어 일본경제는 물가가 상승하며 회복되는 듯했다. 2013년부터 일본의 수출이 증가세를 나타냈고, 소비자물가는 2014년에 2.7%까지 상승했다. 그러나 내수가 부진에서 벗어나지 못함에 따라 2013년 2.7%까지 높아졌던 경제성장률이 2014년에 −0.4%로 재차 하락했다. 2014년 일본경제에서는 수출과 설비투자가 증가했지만, 개인 소비지출과 비거주자투자, 즉 건설투자 부진이 지속됐다. 아베정부의 경기부양 노력에도 불구하고 일본경제의 고질적인 내수 부진을 극복하지 못했다.

한편 2020년 3월 이후 일본 주가가 급등했다. 니케이225지수는 2021년 2월에 30년내 최고치인 30000선을 넘어서기도 했었다. 주가만 보면 일본경제가 '잃어버린 30년'에서 벗어나 본격 회복될 것임을 시사해주고 있다. 주식시장은 경기를 선반영해서 움직인다. 주가급등이 시사하는 것처럼 일본경제가 장기 저성장국면에서 벗어날 수 있을지가 관건이다.

일본경제는 코로나19로 인해 2020년 −4.6% 성장한 데 이어 2021년 1/4분기에도 전기비 −1.1% 성장했다. 2020년 코로나19 충격으로

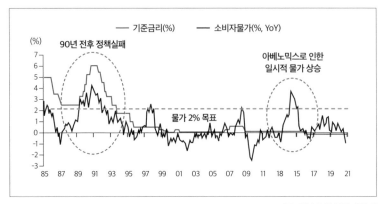

자료: 일본은행, 일본 총무성

인해 경기침체가 불가피했지만, 2021년부터는 빠른 회복세를 나타낼 것이다. 코로나19 백신이 도입되고 있고, 기저효과가 일본 경제성장률에 영향을 크게 미칠 요인이다. 특히 전 세계적으로 억압된 수요가 나타나고 있어 일본의 수출이 증가하고 있다.

일본경제는 물가가 하락하는 만성적인 디플레이션에 빠져 있었지만, 2021년 들어 물가도 상승하고 있다. 일본의 소비자물가는 2021년 5월에 전월비 0.3% 상승했으며, 신선식품과 에너지를 제외한 핵심소비자물가도 전월비 0.1% 상승했다. 일본의 물가도 당분간 상승이 예상된다. 그러나 내수소비가 살아나면서 수요 측면의 물가가 상승해야 디플레이션 국면에서 벗어날 수 있다.

니케이지수 상승이 시사하는 것처럼 일본경제가 장기 저성장국면에서 탈피할 수 있을지는 여전히 의문이 크다. 경기선행지표로

OECD 경기선행지수와 단칸지수 등이 있다. OECD 경기선행지수, 단칸지수 모두 2020년 2/4분기를 저점으로 상승세로 돌아섰다. 그러나 여전히 마이너스권에 머물러 있어 향후에도 강한 경기 회복을 시사해주지는 못하고 있다.

특히 고령화, 저출산 문제가 일본경제의 발목을 잡고 있다. 일본경제는 2021년 하반기부터 코로나19가 촉발한 경기침체에서 점차 벗어날 것으로 예상되지만, 장기 저성장국면에서 빠져 나오지는 못할 것이다.

엔화자산에 대한 투자는 일본경제의 장기침체로 인해 부각되지 못했다. 엔화자산에 대한 투자는 향후 일본경제가 장기 저성장국면에서 벗어날 수 있느냐가 핵심이다. 2020년 코로나19로 인한 경기침체에도 불구하고 전 세계증시가 모두 큰 폭으로 상승했다. 글로벌 증시 상승과 더불어 일본 니케이225지수도 30년내 최고치를 기록했다.

2020년부터 전 세계증시 상승은 유동성의 힘으로 가능했다. 미국, 일본을 비롯해 전 세계 각국은 코로나19가 촉발한 경기침체를 막기 위해 막대한 자금을 시중에 풀었다. 이렇게 풀려진 유동성이 주식, 부동산 등 자산시장으로 유입되면서 자산가격을 상승시켰다. 아직 코로나19가 전 세계경제에 악영향을 미치고 있다. 현재 경기상황으로 주가 상승을 설명하기는 어렵다. 주가와 실물경기가 크게 괴리되어 있기 때문이다. 일본경제가 장기 저성장국면에서 탈피하지 못한다면 30년내 최고치로 상승한 주가를 뒷받침해주지 못할 것이다. 이럴 경우 주가 하락은 불가피하다.

현재 엔화자산에 대한 투자는
매력적이지 못하다

일본 엔화자산에 대한 투자도 여타 해외자산에 대한 투자와 마찬가지로 투자자산에 대한 수익률과 환율 변동에 따른 수익, 이 2가지 측면을 고려해야 한다.

먼저, 일본 엔화자산에 대한 투자를 생각해보자. 앞서 일본경제가 장기 저성장국면에서 빠져나오기는 어렵다고 이야기했다. 아베정부는 일본경제의 저성장국면을 탈피하기 위해 마이너스금리, 양적완화, 재정확대 등 쓸 수 있는 카드는 모두 동원했었다. 일본경제는 2014년부터 일시적으로 개선되는 듯했지만 결국 장기 저성장 늪을 벗어나지는 못했다.

2021년 7월에 IMF는 세계경제 수정전망을 통해 코로나 위기상황이 지속됨에 따라 일본의 경제성장률을 2021년에 2.8%로 하향 조정한 반면 2022년에는 3.0%로 상향 조정했다. IMF는 2022년부터는 코로나 위기상황이 완화되면서 일본경제가 회복세를 보일 것으로 전망하고 있다. 그러나 2021년, 2022년 일본경제의 플러스 성장은 2020년 코로나19로 인한 기저효과로 일본경제 회복은 일시적일 것이다.

현재 전 세계증시가 모두 실물과 크게 괴리되어 있지만, 일본의 경우는 그 간극이 더 크다. 또한 일본의 기준금리가 현재 마이너스상태에 있어 채권에 대한 투자매력도 없는 상황이다. 현재 실물경기에 비해 크게 상승한 주가, 제로금리 등을 고려할 때 주식, 채권 등 엔화자산에 대한 투자는 매력적이지는 못하다.

엔-원 환율은 1,000원선이 바닥권으로, 향후 상승할 것이다

다음으로 환율 변동에 따른 수익은 엔화가 강세를 나타낼 경우 환차익이 발생하고, 엔화가 약세를 나타낼 경우 환차손이 발생한다. 그런데 엔화자산에 투자시 환율 변동에 따른 환차손과 환차익은 엔-원 환율에 의해 결정된다. 엔-원 환율은 국내 외환시장에서 직접 결정되는 환율이 아니다. 국내 외환시장에서는 미국 달러화와 일부 중국 위안화가 거래된다. 엔-원 환율은 재정환율이다. 즉 국내 외환시장에서 거래를 통해 엔-원 환율이 결정되는 것이 아니라 달러-원 환율과 달러-엔 환율에 의해 결정된다.

때문에 엔화와 원화의 상관관계가 높지는 않다. 달러-원 환율과 달러-엔 환율 변동에 의해 엔-원 환율이 결정되기 때문에 미국 달러화 움직임이 중요한 환율 결정요인이다.

2021년 1월 15일 현재 달러-원 환율은 2020년 2월 고점 대비 14.4%가 하락한 반면, 달러-엔 환율은 7.3% 하락했다. 2020년 2월 이후 원화와 엔화가 달러화에 대해 동반 강세를 나타냈지만, 상대적으로 원화 강세폭이 더 컸다. 즉 달러-원 환율 하락폭이 달러-엔 환율 하락폭보다 컸다. 이로 인해 엔-원 환율도 2020년 고점 대비 10.5% 하락했다. 만약 이 시기에 엔화자산에 투자를 했다면 10% 이상의 환차손이 발생했다.

엔-원 환율의 경우 1,000원선이 바닥으로 인식되고 있다. 이는 원화와 엔화의 비율이 10:1 아래로 떨어질 경우 우리 수출 가격경쟁력

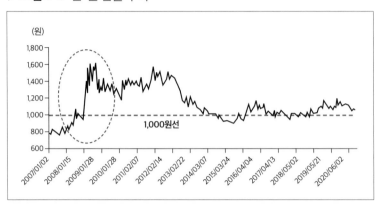

▶ 그림 3-6 엔-원 환율 추이

(원)

1,800
1,600
1,400
1,200
1,000
800
600

1,000원선

2007/01/02 2008/01/15 2009/01/28 2010/01/28 2011/02/07 2012/02/14 2013/02/22 2014/03/07 2015/03/24 2016/04/04 2017/04/13 2018/05/02 2019/05/21 2020/06/02

자료: 한국은행

이 상당히 악화되기 때문이다. 엔-원 환율이 일시적으로 1,000원선 아래로 하락할 수는 있지만, 기조적으로 하락하기는 어려운 이유이다. 2021년 1월 현재 1,050원대에 있는 엔-원 환율은 바닥권에 근접해 있는 것으로 볼 수 있다. 향후 엔-원 환율은 상승할 가능성이 높다. 엔-원 환율이 상승할 경우 엔화 자산투자에서 환차익을 얻을 수 있다.

일본 엔화 자산투자에서 환차익을 얻더라도 투자자산의 손실이 발생할 경우 전체 수익에서는 오히려 손실을 볼 가능성이 높다. 이런 점에서 볼 때 엔화 자산투자는 매력적이지 못하다.

한편 일본 엔화는 안전자산으로 인식된다. 일본의 경기불황이 지속되고, 무역수지도 적자인데 엔화가 안전자산으로 인식되고 있는 것은 일본이 대규모 해외투자자산을 보유하고 있기 때문이다. 이로 인해 대규모 경상수지 흑자가 발생하고 있다. 2008년 글로벌 금융위기시 엔-원 환율이 1,600원선이 넘어서는 급등세를 나타냈다. 세계경제의 위기국면에서는 안전자산으로 일본 엔화자산에 대한 투자를 고려해볼 수는 있다.

호주 달러,
이렇게 투자하면 돈 된다

호주경제는 여타 국가보다 빠르게 정상궤도에 오르고, 호주 달러화도 미국 등 여타 통화에 대해 강세를 나타낼 것이다. 경기와 환율 측면에서 볼 때 호주 달러화 자산에 대한 투자매력은 상대적으로 높다.

호주경제,
2019년부터 경기침체 국면에 빠지다

2018년 호주의 국내총생산은 1조 4,589.5억 달러(명목기준)로 GDP 규모로는 세계 14번째 국가이다. 호주는 2018년까지 28년간 경기침체(2분기 연속 마이너스 성장)가 없는 안정적인 성장을 유지했었다. 그러나 2019년 하반기부터 2020년 초까지 이어진 대규모 산불과 코로나19 여파로 호주경제도 급속한 침체의 늪에 빠져들었다. 호주경제는 2019년 -0.3%, 2020년 -2.4% 성장했다.

호주는 서비스업과 1차산업 비중이 높은 반면, 제조업 비중이 낮은 산업구조를 가지고 있다. 호주경제에서 제조업 비중은 6.3%에 불과하다. 호주는 광활한 면적 대비 낮은 인구밀도로 인건비와 물류 비용이 높다. 이로 인해 제조업이 번창하기 어려웠다. 이에 2017년 호주 정부는 독일과 4차산업혁명협력협정(Australian-German Cooperation on Industry 4.0)을 체결해 첨단 제조기술 분야 육성에 적극 나섰고, 이를 통해 제조업 경쟁력을 높이기 위해 노력하고 있다.

또한 대규모 인프라투자를 통해 호주 전역의 도로와 운송 인프라 개발·보수를 진행하고 있다. 이에 따라 주거지개발 등 부동산 경기 침체에도 불구하고 상업용 건설 및 인프라 프로젝트 시장은 활기를 띠고 있다. 2020년 호주 경기침체는 코로나19 여파로 볼 수 있지만, 2019년 마이너스성장은 미-중 무역전쟁으로 세계 원자재수요가 줄어들었고, 2018~2019년 최악의 가뭄으로 인해 곡물생산이 크게 감소했기 때문이다.

호주경제는 안정적인 성장단계로 빠르게 회복할 것이다

호주 수출에서 철광석이 16%나 차지하는 만큼 향후 국제원자재가격 움직임이 호주의 경제 회복에 중요하다. 국제 원자재가격과 국제 곡물가격은 2020년 상반기를 저점으로 빠르게 회복되고 있다. 국제 원자재가격을 나타내는 CRB지수는 2020년 4월을 저점으로 빠르게 회복되어 코로나19 사태 이전 수준으로 상승했고, 소맥가격은 코로나19 이전의 가격수준을 상회하고 있다.

호주중앙은행(Reserve Bank Australia)에서는 호주가 코로나19 여파로 인한 경기침체가 지속되고 있어 2020년 11월에 기준금리를 역대 최저치인 0.1%로 인하했다. 이와 더불어 3년만기 국채(BOND) 금리목표도 0.1%로 낮췄고, 1,000억 달러 상당의 호주국채를 매입해 양적완화도 시행했다.

호주경제에서는 서비스업의 비중이 절대적으로 높기 때문에 호주의 경제 회복은 서비스업의 회복이 관건이다. 희망적인 것은 코로나 백신접종이 시작됐고, 제로수준의 기준금리와 양적완화 등이 향후 내수경기 회복에 기여할 것으로 생각된다는 점이다. 또한 호주경제에서는 철강·농산물 등 1차산업 비중이 높은데, 이들 국제가격이 빠르게 회복되고 있다는 점도 호주 경제 회복에 청신호다. 호주경제가

▶ 그림 3-7 국제원자재가격과 소맥가격 추이

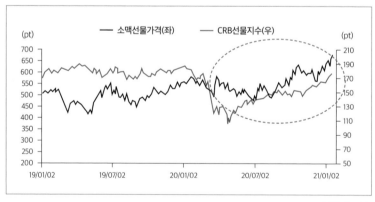

자료: fnguide

제조업 비중이 낮아 강한 성장 모멘텀을 나타내기는 어렵다 하더라도 지난 28년 동안 경기침체가 없었던 안정적인 성장단계로 빠르게 회귀할 수 있을 것이다.

호주 달러화 자산은 상대적으로 투자매력이 높다

호주 달러화 자산에 대한 투자도 투자자산의 수익과 환율 변동에 따른 수익으로 구분된다. 호주중앙은행의 기준금리는 2020년 11월에 사상 최저치인 0.1%로 인하한 영향으로 3년만기 국채금리도 0.1%로 하락했다. 사상 최저치로 낮아져 있는 시장금리를 고려할 때 호주채권 투자는 매력적이지 못하다. 또한 호주증권거래소(ASX) All Ordinaries지수는 2021년 7월 16일 현재 7630.70p를 기록해 2020년 2월의 고점을 넘어서 사상 최고치를 기록했다. 호주 증시도 글로벌 증시 상승과 함께 큰 폭으로 상승했다.

호주 증시는 큰 폭으로 상승한 반면 경기 회복은 아직 뚜렷하지 않다. 이런 점에서 호주 주가와 실물경기 간의 괴리도 크다. 향후 실물경기 회복이 나타나지 않은 경우 호주의 주가 조정도 불가피하다. 그러나 호주에서 수출 비중이 높은 국제원자재와 곡물가격이 크게 상승하고 있다. 이를 반영할 경우 호주경제는 세계의 다른 국가들보다 빠른 정상화 궤도에 오를 것으로 생각된다.

IMF는 2021년 4월 세계경제 수정전망에서 호주 경제성장률 전망치를 2021년 4.5%, 2022년 2.8%로 제시했다. 다른 국가들보다 경기 회복이 빠르다면 향후 호주 증시는 여타국가에 비해 높은 수익이 예상된다. 다른 국가들보다 상대적으로 투자매력이 높다.

세계적인 인플레이션은 호주 달러화 강세를 견인하다

환율 측면을 보면 호주 달러화는 2020년 3월을 기점으로 강세를 나타내고 있다. 호주 달러-미 달러 환율은 2021년 2월에 0.81달러까지 상승해 2020년 3월 저점 대비 약 44% 상승했으며, 호주 달러-원 환율도 큰 폭으로 상승했다. 만약 2020년 초에 호주 증시에 투자를 했다면 투자수익과 더불어 큰 폭의 환차익까지 얻을 수 있었다.

호주 달러화가 미국 달러화를 비롯해 여타통화에 대해 강세를 나타내고 있는 것은 국제 원자재와 곡물의 가격 상승에 기인하고 있다. 이들 국제가격 급등은 호주 경기 회복을 견인할 것이다. 코로나19 영향으로 국제 원자재 공급이 원활하지 않은 반면 수요는 살아나고 있는 상황이다.

또한 세계적인 작황 부진으로 국제 곡물가격도 상승하고 있다. 전 세계적으로 대두되고 있는 인플레이션은 1차 산업비중이 높은 호주 달러화 강세를 견인할 것이다. 경기나 환율 측면에서 호주 달러화 자산에 대한 투자매력은 상대적으로 높다.

앞서 환율과 관련해 많은 이야기를 했지만, 무엇보다 중요한 것은 환율의 방향성이다. 수출입 기업들은 연말이면 각종 환율 전망세미나에 참석하기 바쁘다. 기업들이 한해 사업계획을 수립하는 데 있어 환율은 굉장히 중요한 변수이기 때문이다. 또한 해외증권에 투자할 때 환율의 방향성이 잘 안 맞았을 경우 큰 손실로 이어진다. 환율을 예측한다는 것은 참으로 어렵다. 환율도 하나의 가격이기 때문에 외환의 수요와 공급에 의해 균형을 찾아간다. 수많은 변수들이 외환시장의 수요와 공급에 영향을 준다. 또한 외환시장에서는 정부의 안정화 노력도 중요한 한 요인이다. 환율에 영향을 주는 요인들을 점검해나가면 환율의 방향성을 가늠할 수 있을 것이다.

4장

다가올 3년,
환율의
흐름을 말한다

외환시장에
영향을 주는 요인들

코로나19 상황이 지속되고 있음에도 불구하고 달러-원 환율이 2020년 3월을 고점으로 하락한 것은 국내 달러화 유동성 유입이 증가하고 있기 때문이다. 향후 국내 경상수지 흑자는 지속되지만, 코로나19 상황의 악화와 이에 따라 경기 회복이 지연되고, 주식·채권 등 자본시장에서 외국인 자금이 이탈할 가능성이 높다.

코로나19는
여전히 위험요인이다

2020년 초 코로나19가 전 세계를 강타한 이후 미국·영국을 비롯해 전 세계적으로 백신접종이 진행되고 있지만, 여전히 코로나19는 잦아들지 못하고 있다. 우리나라는 2020년 초 1차 팬데믹을 거쳐 2021년 7월 현재 4차 팬데믹 상태에 있다. 특히 2021년 7월 국내에서는 일일확진자가 1,600명을 넘어 통제불능 상태로 가고 있는 것이 아닌가 의문이 든다.

코로나19에 대한 백신이 개발됐음에도 불구하고 바이러스 확산이 잦아들지 못하고 있는 이유는 변이 바이러스가 지속적으로 출현함에 따라 기존에 개발된 백신의 유효성이 현저히 떨어지고 있기 때문이다. 백신 접종률이 높은 미국, 영국, 이스라엘 등지에서 2021년 7월 현재 재차 코로나 확진자가 크게 늘어나고 있다. 코로나19 바이러스는 영국, 남아공, 브라질에 이어 현재는 인도 변이 바이러스인 델타가 급속히 확산되고 있다. 페루에서는 델타 변이 바이러스보다 전파력과 치명률이 높은 람다 변이 바이러스까지 등장했다.

2020년 초와 같이 전 세계가 셧다운되는 상황으로 진행되지는 않겠지만 백신 접종률이 높은 미국, 영국, 이스라엘 등에서 재차 확진자가 늘어나고 있어 코로나19는 여전히 세계경제에 큰 위협요인이다.

달러-원 환율은 코로나 발생초기인 2020년 3월에 1,290원선까지 상승한 이후 지속적으로 하락해 12월에는 1,080원선을 기록했다. 달러-원 환율이 코로나 발생초기에 일시적으로 급등했으나 2020년 3월 이후 지속적으로 하락했다. 이는 외환시장에 영향을 주는 요인이 변했기 때문이다.

코로나19 초기에는 세계경제 및 금융시장 불안이 외환시장에 크게 영향을 미쳤지만, 3월 이후에는 코로나19에 대응해 각국 정부와 중앙은행의 유동성 확대가 영향을 크게 주었다. 세계 각국이 공히 유동성을 확대했지만, 미국의 유동성 확대규모가 여타 국가에 비해 컸다는 점이 글로벌 달러화 약세를 유발했다. 글로벌 달러화 약세가 2020년 3월 이후 원화 강세의 주요 원인이었다.

또한 국내로 유입되는 달러화 유동성 증가가 달러-원 환율 하락의 한 원인이었다. 달러화 유동성의 국내 유입 경로는 크게 2가지다. 하나는 실물부문에서 무역수지·경상수지 흑자를 통한 달러화 공급이고, 다른 하나는 주식·채권 등 국내 자본시장으로 들어오는 외국인 자금이다.

2020년 코로나19 상황에도 불구하고 하반기부터 수출이 본격적으로 회복됨에 따라 상품수지는 456.2억 달러, 경상수지는 752.8억 달러 각각 흑자를 달성했다. 특히 2020년 경상수지 흑자규모는 코로나19 상황 이전이던 2019년 596.8억 달러를 크게 상회한 것이다. 또한 국내 주식시장에서 외국인 자금은 2020년 상반기에 크게 이탈했지만, 하반기에는 순유입으로 전환됐고, 채권시장으로의 자금 유입은 지속됐다.

외환시장에서 변화의 조짐이 나타나고 있다

2021년 9월 현재 달러-원 환율은 1,170선으로 상승했다. 연초 1,080원선과 비교할 때 원화가 달러화에 대해서 상당한 약세다. 2020년 하반기와 비교할 때 외환시장에서 변화의 조짐이 나타나고 있다. 이는 코로나19가 재차 확산되면서 세계경제에 대한 우려가 커졌고, 그동안 전 세계적인 유동성 확대 영향으로 인플레이션이 본격화되고 있기 때문이다. 이에 따라 미국을 비롯한 각국 중앙은행들의

▶ 표 4-1 국내 달러화 유동성 유입

	2018년	2019년	2020년			2021년	보유잔고
			상반기	하반기	연간		
경상수지 (억 달러)	774.7	596.8	191.7	561.1	752.8	354.9	-
주식시장 (조 원)	-5.7	1.0	-26.1	1.8	-24.4	-19.4	842.3
채권시장 (조 원)	15.6	9.2	22.4	2.3	24.7	3.8	189.0

자료: 한국은행, 금융감독원, 증권거래소
주: 경상수지는 2021년은 1~5월까지의 수치. 주식, 채권 보유잔고는 2021년 6월 말 기준

> 테이퍼링(tapering): 연방준비제도(연준)가 양적완화 정책의 규모를 점진적으로 줄여나가는 것으로, 2013년 5월 당시 벤 버냉키 미 연준 의장이 언급하면서 유명해졌다. 테이퍼링은 금리 인상을 의미하는 'tightening'과 달리 양적완화 정책 속에 자산 매입 규모를 줄여나가는 방식임

통화정책 변화 가능성이 높아지고 있다.

이미 멕시코·칠레·브라질·러시아 등이 기준금리를 인상했고, 미국 연준리에서도 양적완화를 줄이는 테이퍼링* 가능성이 제기되고 있다. 한국은행에서도 2021년 8월 0.25%p 올린 후 추가적인 인상을 시사하고 있는 상황이다. 미국 통화정책의 변화는 글로벌 달러화의 방향성이 바뀔 수 있는 요인이다.

또한 국내 달러화 유동성 유입도 약해지고 있다. 2021년 들어 수출이 폭발적으로 증가하면서 실물 측면에서 상품수지·경상수지 흑자폭이 확대되고 있지만, 주식시장에서 외국인 자금 이탈이 커지고 있다.

외환시장에 가장 큰 영향을 주는 요인은 미국 연준의 통화정책이다

각국 중앙은행의 통화정책은 국제금융시장에 미치는 영향이 크다. 특히 외환시장에 미치는 영향은 지대하다. 2020년 코로나19가 글로벌 경기침체를 유발함에 따라 미국·ECB·일본 등 주요국 중앙은행들은 앞다투어 금리 인하에 나섰다. 이에 따라 주요국 기준금리가 대부분 제로수준으로 낮아졌고, 여기에 더해 미국·일본·ECB 등에서는 양적완화까지 시행했다. 한국은행에서도 RP대상 증권을 확대하는 등 양적완화에 준하는 조치들을 취했다.

코로나19에 따른 경기침체가 전 세계적인 현상이라는 점에서 세계 중앙은행들이 동반해서 금융완화에 나섰지만, 그 중에서도 기축통화국인 미국 연준리의 통화정책이 외환시장뿐만 아니라 국제금융시장에 미치는 영향이 크다. 2020년 하반기 들어 글로벌 달러화가 약세를 나타낸 것은 코로나19에 대한 불안감이 완화된 영향이 있지만, 무엇보다 미국 연준리의 통화완화가 크게 작용했다. 미국 연준의 통화완화 조치가 여타 중앙은행의 금융완화 조치보다 강도 면에서 강하다는 점이 달러화 약세를 유발했다.

▶ 표 4-2 주요국 기준금리

	한국	미국	일본	ECB	중국	호주
기준금리 (%)	0.5	0.0~0.25	-0.1	0.0	3.85	0.1

자료: 각국 중앙은행

세계 주요국 중앙은행들이
대규모 금융완화정책을 시행하다

미국 연방준비제도는 코로나19 확산에 따른 충격을 완화하기 위해 2020년 3월 두 차례의 긴급이사회를 통해 기준금리를 0~0.25%로 1.5%p 인하한 가운데, 세계 9개 중앙은행과 통화스왑을 체결, 자산매입프로그램을 무제한으로 확대, 해외 중앙은행이 미국 국채를 담보로 달러를 조달하는 'FIMA 레포 기구' 도입 등의 조치를 취했다.

한국은행에서도 3월과 5월 두 차례에 걸쳐 기준금리를 0.75%p 인하해 기준금리를 사상 최저치인 0.5%로 낮췄다. 또한 무역금융 지원, 영세자영업자 지원, 지방중소기업 지원, 코로나19 피해지원 등 금융

▶ 표 4-3 2020년 미국 연준리와 한국은행의 통화정책 비교

	미국 연준리	한국은행
1월	기준금리 1.50~1.75% 유지	기준금리 1.25% 유지
3월	**3일** 긴급 이사회를 통해 기준금리 1.0~1.25%로 50bp 인하 **15일** 긴급 이사회를 통해 기준금리 0~0.25%로 100bp 인하 **19일** 미 연준, 9개 중앙은행과 300~600억 달러 통화스왑 체결 **23일** 국채, 주택, 상업용 모기지담보부증권 등 자산 매입 프로그램을 무제한으로 확대 **30일** 해외 중앙은행 미국 국채를 담보로 달러 조달하는 'FIMA 레포 기구' 도입	**16일** 기준금리 1.25%→0.75%로 50bp 인하 금융중개지원대출 금리 연 0.50~0.75%에서 0.25%로 인하 RP 대상증권에 산금채, 중기채, 농업금융채권, 수산금융채권, 수출입금융채권 추가 **19일** 미국 연준과 600억 달러 통화스왑 체결
5월		**28일** 기준금리 0.75%→0.50%로 인하

자료: 미국 연준리, 한국은행

중개지원대출금리를 0.25%로 인하했고, 한은 RP대상 증권에 산금채·중소기업채 등 은행채도 추가했다. 한국은행에서도 미국의 양적완화와 유사한 조치를 취했다.

미국 연준리, 한국은행뿐만 아니라 유럽중앙은행(ECB), 일본은행, 중국인민은행 등 세계 주요국 중앙은행들이 코로나19 대유행에 따른 경제적 충격을 완화하기 위해 동반해서 대규모의 통화완화정책을 시행했다. 특히 미국 연준리의 2020년 3월 금융완화 조치는 2008년 금융위기 당시 취한 정책 범위를 넘어서는 강력한 조치였다. 그만큼 코로나19가 촉발한 세계경제의 충격이 컸다고 할 수 있다.

통상적으로 한국의 기준금리가
미국보다 높다

한국과 미국의 기준금리 추세를 보면, 통상적으로 한국이 미국보다 기준금리 수준이 높다. 이는 한-미 간의 기준금리가 역전될 경우 국내에서 유동성 이탈에 대한 우려가 제기되기 때문이다. 미국 연준리는 2008년 금융위기에서 경제가 회복세를 나타냄에 따라 2015년 12월부터 기준금리 인상에 나섰고, 2019년 7월 기준금리를 2.25~2.50%까지 인상했다.

한편 한국은행에서도 2017년 11월부터 기준금리 인상에 나서 2018년 11월까지 두 차례에 걸쳐 1.75%까지 인상했다. 그렇지만 2018년 3월부터 한-미 간 기준금리가 역전됐고, [그림 4-1]에서 보

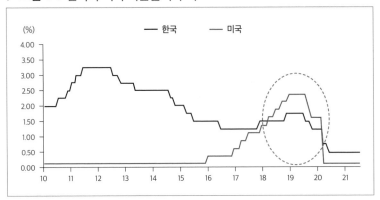

자료: 한국은행, 미국 연준리

듯 금리역전 폭도 커졌다. 한-미 금리역전 시기인 2018년부터 달러-원 환율이 상승세를 나타냈다. 2020년 하반기 들어 원화 강세에는 한-미 간의 기준금리 차이가 상당한 요인으로 작용했다.

미 연준의 양적완화 축소는
늦어도 2022년 초에는 시행한다

향후 달러-원 환율을 가늠하는 데에는 미국 연준리와 한국은행의 통화정책 변화가 중요한 요인이다. 미국 연준리의 통화정책 목표는 완전고용과 물가안정에 두고 있고, 한국은행의 통화정책 목표는 물가와 금융시장의 안정에 두고 있다.

미국경제는 2020년 하반기부터 극심한 침체에서 벗어나 경제성장률, 고용 등이 회복되고 특히 물가가 큰 폭으로 상승하고 있다. 코로나19 충격이 심각했던 2020년에 미국 경제성장률이 −3.5% 성장했으나 2021년에는 6%를 상회할 것으로 전망된다. 미국의 일자리는 2020년 상반기에 2,098만 개가 사라진 이후 2020년 7월~2021년 6월 기간 중에 1,309.1만 개의 신규 일자리가 만들어졌으며, 2021년 6월 현재 실업률은 5.9%이다. 아직 미국의 고용이 코로나19 이전 수준을 회복하지는 못했지만, 미국의 빠른 경기 회복을 고려했을 때 고용회복도 빨라질 것이다.

한편 인플레이션이 현실화되고 있다. 2021년 6월 소비자물가는 전년동월비 5.4% 상승해 13년 내 최고치를 기록했으며, 근원소비자물가도 4.5% 상승했다. 6월 근원소비자물가 상승률은 1991년 11월 이후 최고 수준이다. 현재의 높은 물가 상승은 공급망의 병목 현상과 경제활동 재개에 따른 수요 증가 등에 기인되고 있다. 그렇지만 미국 연준리를 비롯해 세계 각국이 대규모로 유동성을 확대했고, 전 세계적으로 풀린 돈이 인플레이션을 높이고 있는 주요인이다.

2021년 하반기 들어 델타 변이 등 코로나19가 재확산되고 있어 가까운 시기에 기준금리를 정상화하기는 어렵다. 파월 연준의장은 2023년 금리 인상 시각을 유지하고 있다. 그러나 전 세계적인 유동성 확대로 인해 인플레이션이 현실화되고 있고, 미국의 주식·부동산 등 자산시장의 거품 우려도 높아지고 있다.

미국경제가 정상화되고 있다는 점에서 세인트루이스 연은 불라드 총재, 샌프란시스코 연은 데일리 총재 등이 조기 양적완화 축소(tapering)를 언급하고 있다. IMF에서도 미국의 테이퍼링 시기를 앞당

길 것을 권고하고 있다. 미 연준리가 조기금리 인상은 어렵다 하더라도 현재 시행되고 있는 양적완화를 축소하는 테이퍼링은 2021년 말이나 늦어도 2022년 초에는 시행될 가능성이 있다.

한은, 기준금리를 인상하다

한국은행은 2021년 8월에 기준금리를 0.25%p 인상했다. 연내 추가 인상까지 예상되고 있다. 국내 코로나19 상황은 2021년 9월 현재 확진자가 2,000명 내외로 늘어나 4차 팬데믹이 지속되고 있다. 악화된 코로나19 상황이 국내 경기에도 악영향을 미칠 수밖에 없다. 2021년 국내 경제성장률은 정부와 한국은행이 예상하는 수준에 미치지 못할 가능성이 높다.

이처럼 코로나19 상황이 악화됐고, 경기 회복도 강하지 않음에도 불구하고 한국은행은 이례적으로 기준금리를 인상했다. 한국은행의 통화정책 목적은 물가와 금융안정 2가지에 두고 있다. 물가쪽을 보면 2021년 8월 소비자물가는 전년동월비 2.6% 상승해 5개월 연속으로 2%대 물가 상승률을 기록했고, 농산물과 석유류를 제외한 핵심소비자물가도 전년동월비 1.8% 상승했다. 현재 인플레이션 압력이 높아지고 있는 것은 사실이다. 그러나 코로나19의 팬데믹 상황에서 현재의 물가가 금리 인상 요인으로 보기는 어렵다.

한국은행 통화정책의 또 다른 목표인 금융안정이 2021년 금리 인

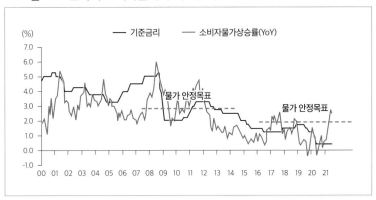

▶ 그림 4-2 한국의 소비자물가와 기준금리

자료: 한국은행

상의 주요인으로 풀이된다. 한국은행이 서둘러 금리를 인상한 것은 가계신용이 폭발적으로 증가해 향후 금융 불안을 야기할 수 있기 때문이다. 가계신용은 2021년 6월 말 기준으로 1,805.9조 원으로 2020년에 127.3조 원, 2021년 상반기에 78.0조 원이 증가했다. 가계대출과 자영업대출을 합칠 경우 GDP의 100%를 넘어섰다.

가계대출의 폭발적 증가는 부동산, 주식 등 자산가격의 이상 급등을 초래하는 부작용을 낳는다. 2020년부터 2030세대들의 영끌, 빚투가 크게 증가하고 있어 향후 사회적 문제가 될 수 있다. 한은의 금리 인상이 자영업과 중소기업, 영끌족들의 어려움을 가중시킬 수 있지만, 늘어나는 금융기관 대출을 방치할 경우에는 더 큰 위기를 낳을 수 있다. 2021년 8월에 농협은행은 대출을 전면중단했고, 여타 시중은행들도 대출 축소에 나서고 있다. 한국은행도 대출 규제의 일환으로 8월에 기준금리를 인상했다.

미국 연준리는 늦어도 2022년 초에는 테이퍼링을 시행할 것으로 예상된다. 미국 연준리의 통화정책 변화 가능성도 한은의 금리 인상의 한 요인이다. 미국 연준이 테이퍼링을 본격화할 경우 달러-원 환율은 상승하고, 환차손을 우려해 국내에 들어와 있는 외국인 자금이 급속히 빠져나갈 수 있다. 이로 인해 원화 약세가 가파르게 진행될 수 있다. 한은의 금리 인상은 원화의 통화가치 하락을 방어하기 위한 선제적인 조치 측면도 있다.

한국은행이 미국 연준리에 앞서 기준금리를 인상했지만, 달러-원 환율 상승을 막지는 못할 것이다. 한은의 금리 인상이 국내 자본시장에서 외국인 자금 이탈을 막지는 못하기 때문이다. 2021년 이후 통화정책 측면은 글로벌 달러화 강세를 이끌 요인이다.

2021년 세계경제의 강한 회복은 기저효과가 큰 원인이다

외환시장에서 국내외 경기흐름도 중요 변수다. 실물 측면에서 세계경기 상황이 달러화 유동성 유입을 좌우하고, 안전자산 선호가 외국인 투자자금 이동을 촉발한다. 2020년 상반기 국내 주식시장에서 외국인 자금이 대거 이탈한 것은 코로나19가 세계경제에 충격을 주어 세계금융시장에서 안전자산 선호현상이 강해졌기 때문이다.

향후 세계경제의 흐름은 코로나19 충격에서 얼마나 빨리 벗어나는가에 달려 있다. 2020년 코로나19 충격으로 대부분의 국가에서 마

▶ 표 4-4 IMF 세계경제 전망

	2018	2019	2020	2021(F)	2022(F)
글로벌	3.5	2.8	-3.2	6.0	4.9
미국	3.0	2.2	-3.5	7.0	4.9
유로존	1.8	1.3	-6.5	4.0	4.3
일본	0.3	0.3	-4.7	2.8	3.0
중국	6.7	6.0	2.3	8.1	5.7

자료: IMF, 2021년 7월 수정전망

이너스성장을 기록해 세계경제는 -3.2% 성장했다. 한편 IMF는 2021 년 7월에 세계경제 수정전망을 통해 2021년 세계경제성장률 전망 치를 6.0%, 기존 수치를 유지했지만, 미국과 유로존 성장률 전망치 는 상향조정한 반면 일본, 중국 등의 성장률 전망치를 하향 조정했다. IMF는 2021년부터 세계경제는 강한 회복세를 나타낼 것이라는 긍정 적인 전망 수치를 내놓았다.

그러나 2021년 세계경제가 높은 성장률을 보일 것으로 예상되는 것은 기조효과가 큰 원인이다. 아직 세계경제가 코로나19 충격에서 벗어나지 못했다. 특히 미국, 영국 등 높은 코로나 백신 접종률에도 불구하고 2021년 하반기 들어 코로나19가 재확산되고 있다.

코로나19 바이러스 변이가 빠르게 일어나고 있고, 현재 개발된 백 신으로는 코로나19를 종식시킬 수 없다는 점이 입증되고 있다. 이로 인해 영국, 싱가포르 등이 현재와 같은 방역형태로는 코로나19를 종 식시킬 수 없다는 데 공감하고 있다. 현재 델타 변이 바이러스가 전 세계적으로 대유행하고 있어, 2020년 초와 같이 세계 곳곳이 재차 셧

다운되는 상황이 재현될 수도 있다. IMF가 전망하는 것처럼 세계경제가 빠르게 좋아지지 않을 수 있다.

국내 경기 회복 부진은
원화 약세 요인이다

국내경제도 코로나19 충격으로 2020년 -1.0% 성장했다. 2020년에 민간소비가 큰 폭으로 감소했고, 건설투자도 부진했지만, 대외부문이 국내 경제성장률을 그나마 지탱했다. 2020년 국내 경제성장률은 미국, 유로존 등 여타 선진국들과 비교할 때 양호한 수치이다. 향후 국내경제 회복도 코로나19 악영향에서 얼마나 빨리 벗어나느냐에 달려 있다.

2021년 1/4분기 국내경제는 전기비 1.7% 성장했다. 1.7%는 상당히 높은 경제성장률로 국내경제 회복이 빨라지고 있는 것으로 볼 수 있다. 1/4분기 높은 성장률은 소비, 투자 등 내수부문이 증가했기 때문이다. 2/4분기 들어서는 국내 수출이 폭증세를 나타내고 있다는 점도 경제성장률에 긍정적 요인이다.

그러나 2021년 들어 지표상으로는 일자리가 늘어나고 있지만, 여전히 고용 부진이 지속되고 있다. 국내 실업자수가 6월에 109.3만 명으로 여전히 100만 명을 상회하고, 구직을 포기한 구직단념자도 58.3만 명에 이르고 있다. 또한 양질의 일자리라고 할 수 있는 제조업에서 일자리 감소가 지속되고, 연령별로 60대 이상에서 신규취업자가 증가하고 있다. 국내 고용상황이 내수소비 회복을 견인하기는 역부족이다.

또한 2021년 7월 들어 국내 코로나19 4차 팬데믹이 발생했다. 수도권 거리두기가 4단계로 격상됐고, 비수도권도 5인 이상 사적모임이 금지됐다. 4차 팬데믹에 따른 악영향이 불가피하다. 특히 가계부채, 기업부채 등 민간신용이 크게 늘어나고 있는 상황에서 한은의 금리 인상은 내수소비에도 상당한 악영향을 미칠 수밖에 없다.

정부는 2021년 국내경제가 4.0%의 장밋빛 성장을 전망하고 있다. 그러나 코로나 위기상황이 지속되고 있고, 고용 부진, 가계부채부담 등을 고려할 때 경제성장률 전망치 4%를 달성하기는 쉽지 않아 보인다. IMF는 4월 수정 경제전망에서 2021년 우리나라 경제성장률을 3.6%로 제시했다. 미국, 유럽 등 선진국과 국내경제 잠재성장률을 비교할 때 2021년 성장률 4%를 달성하더라도 높은 성장이라 하기는 어렵다. 향후 국내 경기 회복이 빠르지 않을 것이라는 점은 원화 약세 요인이다.

국내경제의 첫 번째 위험요인은 급증한 자영업자대출이다

코로나19로 여행, 숙박, 음식점업 등 많은 업종에서 심각한 매출 감소가 나타났다. 특히 자영업자 매출 감소가 70% 이상인 경우가 허다하다.

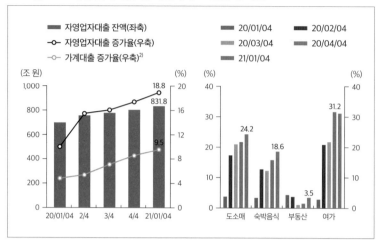

▶ 그림 4-3 자영업자대출 증가율과 주요업종 증가율

자료: 한국은행 발표자료 재인용
주: 증가율은 전년동기비

코로나19로 인해 자영업자 위기가 심각한 상황이다. 코로나19 이전 매일 북새통을 이루던 명동, 종로, 신촌 등 주요상권들에 빈 가게가 즐비하다. 물론 코로나19로 인해 인터넷쇼핑, 배달서비스 등 매출이 증가한 업종도 있다. 그러나 코로나19 바이러스로 인한 수혜업종보다는 피해업종이 월등히 많다.

통계청이 발표하는 산업활동동향에 따르면 2020년 산업생산은 0.4% 감소에 그쳤지만, 서비스업생산은 2.0% 감소했다. 제조업에서는 전자부품, 컴퓨터, 통신장비와 의약품업종에서의 생산 증가가 경기를 방어했다. 반면 서비스업에서의 생산은 보건, 금융 등 극히 일부 업종을 제외한 대부분의 업종에서 큰 폭으로 감소했다. 특히 항공운송업, 면세점, 숙박음식업, 여행사업 등에서 생산이 30~80% 감소했다. 이들 업종은 잠정 폐업수준이다.

한국은행이 발표한 2021년 3월 말 기준 자영업자대출은 831.8조 원(차주 수 245.6만명)으로 1년 전에 비해 131.8조 원(18.8%) 증가했다. 국내 경제성장률과 비교할 때 크게 앞서는 수치이다. 특히 업종별로는 도소매, 숙박음식, 여가서비스 등에서, 소득분위별로는 저소득층인 1~2분위에서 대출이 크게 증가했다.

자영업자대출은 크게 증가한 반면 코로나19로 인해 도소매, 음식, 숙박 등 대부분의 업종에서 큰 폭으로 영업손실이 발생하고 있다. 특히 7월 들어 서울·경기지역의 거리두기 4단계 시행은 자영업자들의 어려움을 가중시키고 있다. 현재 많은 자영업자들이 빚을 내서 버티고 있다.

코로나 위기상황을 감안해 금융당국은 2020년 9월부터 중소기업, 소상공인에게 대출원리금 상환을 유예해주고 있다. 이들의 대출 원리금 상환유예금액은 204조 원에 이르고 2021년 9월에 종료된다.

하지만 향후 정부의 자영업자 피해보상이 이루어지겠지만, 정부의 재정여력을 고려할 때 자영업자들의 어려움을 근본적으로 해결해주기는 어렵다. 정부의 자영업자 손실보상은 배고픈 코끼리에게 비스킷을 주는 정도일 것이다.

코로나19 위기상황은 단기에 끝나지 않고, 국내 경기 회복도 지연될 수밖에 없다. 한국은행이 금리를 인상하고 있는 상황에서 향후 자영업자대출의 원리금 상환유예가 종료될 경우 자영업자들이 위기로 내몰리게 될 것이다. 자영업자대출 부문이 향후 우리경제 위기의 뇌관이 될 수 있다.

국내경제 두 번째 위험요인은
급증한 가계대출이다

국내경제에서는 가계신용, 즉 가계부채가 많다는 점이 항상 위험 요인으로 지적되고 있다. 2021년 6월 말 가계신용잔액은 1,805.9조 원으로 2019년 말 대비 205.3조 원 증가했다. 이중 주택담보대출이 150.4조 원, 기타대출이 95.0조 원 증가했다. 또한 2021년 2/4분기 중 카드사, 할부금융사 등 여신전문회사 대출이 4.5조 원이나 크게 증가했다. 여신전문기관의 대출 증가는 대출의 어려움을 겪는 자영업자, 가계 등이 금리가 높은 여신전문기관으로 향하고 있기 때문이다.

한 나라 경제가 성장함에 따라 부채가 증가하는 것은 자연스러운 현상이다. 그러나 우리나라는 가계부채 증가 속도가 너무 빠르고, 규모가 크다는 데 문제가 있다. 정부가 부동산 규제 일환으로 대출을 규제했지만, 주택담보대출·마이너스대출 등에서 큰 폭으로 증가했다. 현재 우리나라는 부채가 부채를 낳는 상황에 와 있는 것 같다.

국제결제은행(BIS)에 따르면 우리나라 GDP에서 차지하는 가계대출 비중은 2020년 3월 기준 97.9%로 미국 75.6%, 영국 84.4%, 일본 57.2%에 비해 높고, 선진국 평균 73.2%보다 크게 높다. 국제결제은행은 한 국가의 경제가 감내할 수 있는 가계부채 수준을 대략 국내총생산 대비 85% 수준으로 보고 있다. 이는 1980년부터 2010년까지 선진 18개국의 경제 상황을 조사한 결과를 토대로 추정한 수치다. 우리의 가계부채 수준은 이미 한계점을 넘어선 것이 아닌가 생각이 든다.

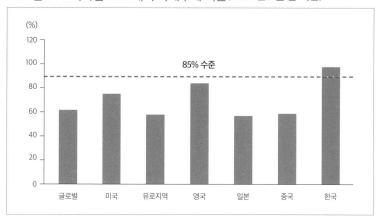

▶ 그림 4-4 국가별 GDP 대비 가계부채 비율(2020년 3월 말 기준)

자료: 국제결제은행(BIS), 국제금융협회(IIF)

가계대출이 증가할수록 차후에 후유증은 커질 수밖에 없다. 가계부채가 단기적으로 소비를 늘려 경제성장에 도움을 주지만, 어느 수준을 넘어서면 오히려 경제에 부정적으로 작용한다. 이는 원금과 이자 상환부담이 소비를 제약하기 때문이다.

가계대출 연체율을 보면 2021년 5월 기준 주택담보대출이 0.12%, 가계신용대출이 0.37%로 낮은 수준이다. 낮은 연체율을 고려할 때 가계부채가 단기에 문제가 발생할 거라는 것에 동의하기는 어렵다. 그렇지만 코로나19 사태가 우리 경제에 가장 약한 고리인 자영업대출 연체를 촉발(catalyst)한다면 가계신용 위험으로 이어질 수 있다. 가계신용은 이미 우리 경제에 부담을 줄 정도로 커졌다는 점에서 위험요인으로 자리잡았다.

우리는 2002년 신용카드 버블붕괴를 통해 가계신용에 대한 충격을 이미 경험했었다. 소득이 없거나 저신용자들에게 무분별하게 신용카드를 발급해 2002년 말 신용카드 사용액인 판매신용은 47.9조 원까지 늘어났고, 이를 24조 원까지 줄이면서 당시 신용불량자가 400만 명 이상 발생했다. 신용카드 사용액을 24조 원 줄이는 데 신용불량자 400만 명이 발생했는데, 현재 자영업자대출까지 감안할 경우 GDP의 100%가 넘는 가계신용에서 문제가 발생할 경우 그 충격은 상당할 것으로 생각된다.

퍼펙트 스톰이
국내경제로 몰려오고 있다

2020년 초 코로나19가 발생한 이후 전 세계 주요국들은 앞다투어 코로나19 위기에 대응해 엄청난 유동성을 풀어왔다. 또한 화이자, 모더나, 아스트라제네카 등이 개발한 코로나19 백신이 2020년 말부터 순차적으로 접종되고 있다. 아직 전 세계적으로 백신 접종률이 높지는 않지만, 영국·캐나다·아랍에미리트·스페인 등에서는 2차까지 접종을 완료한 비율이 전국민 50%를 넘었고, 미국·독일에서도 48%가 넘는다.

그런데 코로나19 변이 바이러스가 빠르게 출현하고 있다. 현재는 인도발 델타 변이 바이러스가 전 세계적으로 확산되고 있다. 백신접종률이 높은 미국, 영국, 프랑스 등에서 코로나 확진자가 재차 급속히 증가하고 있다. 국내에서도 일일 확진자가 2,000명 내외의 4차 팬데믹상황이다. 이를 감안할 때 코로나 백신 무력화에 대한 우려가 커지고 있고, 2021년 11월 집단면역이 사실상 불가능하게 됐다. 코로나19가 현재와 같은 상태에서 얼마나 지속될지 예측하기 어렵다. 한 가지 확실한 점은 1~2년 내에 종식되기는 어렵다는 것이다.

코로나19가 발생한 지 1년 6개월이 지났음에도 불구하고 여전히 통제되지 않는 상황이고, 이로 인해 2020년 초와 같은 세계경제 충격이 재현될 가능성도 있다. 코로나19에 대응해 전 세계가 돈을 찍어 대응했고, 이로 인해 주식·부동산 등 자산시장의 거품과 전 세계적인 인플레이션이 발생하고 있다.

IMF가 전망하는 것처럼 세계경제가 흘러가지 않는다면, 즉 실물경기 회복이 지연된다면 현재의 자산시장의 거품이 붕괴될 가능성이 높다. 미국 연준리에서 양적완화를 축소하는 논의를 시작했고, 멕시코, 브라질, 러시아 등에서 이미 기준금리를 인상했다. 한국은행도 2021년 8월 기준금리를 인상했다. 실물경기가 뒷받침되지 않은 자산가격은 언제든지 급락할 수 있다. 현재의 자산가격 상승은 사상누각이 될 수 있다.

현재 국내경제에서는 자영업이 위기에 빠졌고, 가계부채가 급증했으며, 중소기업을 위주로 한 좀비 기업이 크게 증가하고 있다. 한은의 금리 인상으로 가계, 기업, 자영업자 등에서 부채부담이 크게 증가하고 있다. 실물경기 회복 지연은 그동안 큰 폭으로 상승한 부동산·주식 등 자산가격의 하락 조정이 불가피하다. 현재의 한국 경기상황으로 자산가격 상승을 뒷받침하기는 어렵다. 총체적 위기(퍼펙트스톰)가 국내경제로 몰려 오고 있다.

다가올 3년,
달러-원 환율 흐름이 궁금하다면?

국내 자영업, 가계, 기업 등의 대출에서 큰 위기가 발생할 수 있고, 특히 자산시장의
거품붕괴는 달러화 자금의 급속한 이탈로 이어질 것이다. 이로 인해 환율이 급등세
를 나타낼 수도 있다.

외환시장 여건은
원화 약세를 지향한다

앞서 외환시장에 영향을 크게 줄 요인들을 나열했다. 2020년 초
반 외환시장에 크게 영향을 미친 주요인은 코로나19 위기로 인한 안
전자산 선호였으나 2020년 3월 이후에는 각국 중앙은행들의 유동성
확대정책이 큰 영향을 끼쳤다. 미국의 강력한 재정확대와 금융완화
정책으로 글로벌 달러화가 약세를 나타냈고, 이로 인해 원화도 강세
를 나타냈다.

현재 국내 실물 측면에서 수출 증가에 따른 상품수지, 경상수지 흑자가 확대되고 있다. 반면에 코로나19 악영향이 커지고 있어 실물경기의 불안감이 커지고 있다. 앞서 언급한 것처럼 국내외경기는 IMF가 전망하는 것처럼 흘러가지는 않을 것이다. 경기불안감이 커질 수 있다.

외환시장에 영향을 크게 주는 요인은 무엇보다도 미국 연준리의 통화정책이다. 아직 코로나19 상황이 해소되지 못하고 있지만, 미국의 부동산·주식 등 자산가격이 급등하고 인플레이션이 현실화되고 있다. 미국 연준리에서 기준금리를 인상하는 것은 아직 먼 이야기이다. 그러나 현재 월간 1,200억(국채 800억 달러+주택저당증권 400억 달러) 달러씩 풀고 있는 유동성을 축소하는 테이퍼링에 대해서 논의가 이미 시작됐다. 한국은행이 8월에 금리를 인상했지만, 원화가치 하락을 방어하지는 못할 것이다. 오히려 가계와 기업의 부채부담을 증가시킬 것이다.

또한 코로나19로 인해 자영업이 위기상황에 빠졌고, 가계와 기업의 대규모 부채가 발생했으며, 중소기업의 40%에 달하는 좀비 기업 문제 등 내부적으로 위험요인들이 산적해 있다. 특히 코로나19의 재확산으로 인해 국내 실물경기 회복이 지연될 수밖에 없고, 이는 부동산·주식 등 자산시장의 가격조정을 유발할 수 있다.

국내외 경제의 위험성이 재차 커지고 있어 국내 자산시장에서 외국인 자금 이탈이 확대될 수 있다. 현재 국내 외환시장을 둘러싼 대부분의 변수들이 원화 약세를 지향하고 있다.

달러-원 환율은
장기 상승추세에 진입했다

앞서 실질실효환율 측면에서 적정 달러-원 환율 수준은 1,100원 내외라고 했다. 2020년 하반기에 달러-원 환율 하락이 진행됐지만, 1,080원 내외까지 하락한 이후 상승세를 나타내고 있다. 달러-원 환율이 1,100원선 아래로 크게 하락하지 않은 것은 펀더멘털 요인도 있지만, 실질실효환율 측면에서 적정환율 수준이 1,100원선이라는 것을 입증해주고 있다.

앞서 국내 외환시장에서 환율 움직임에 변화의 조짐이 나타나고 있다고 했다. 달러-원 환율은 2021년 초 1,080원선으로 하락하는 원화 강세를 보였지만, 2021년 7월 현재 1,150원선을 넘어섰다. 원화가

▶ **그림 4-5** 달러-원 환율 추이

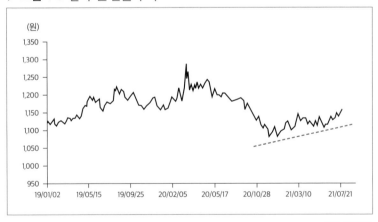

자료: 한국은행

약세 전환했다고 할 수 있다. 원화 약세 전환은 미국 연준리가 통화정책변화의 가능성을 내비치고 있기 때문이다. 또한 국내 주식시장에서 외국인 자금 이탈이 지속되고 있다.

환율이라는 가격변수는 실시간으로 변동하지만, 장기적으로 보면 추세적으로 움직인다. 즉 원화 약세나 강세가 상당 기간 진행된다. 이는 환율이 국내외 경기나 통화정책 등을 반영해 움직이기 때문일 것이다. 국내외 경기와 통화정책이 단기에 변하는 요인은 아니다. 앞으로 외환시장에 가장 크게 영향을 줄 요인은 세계경기 진행상황과 미국 연준리의 통화정책이다.

세계경기 상황은 코로나19 재확산으로 인해 안전자산 선호를 촉발할 수 있고, 미국 연준리의 통화정책은 조만간 양적완화 축소를 시행할 것이며, 이후 금리 인상의 수순을 밟을 것이다. 이는 장기적으로 달러화 강세, 즉 원화 약세를 이끄는 요인이다. 또한 앞서 언급한 것처럼 국내경제에서 자영업, 가계, 기업 등의 대출에서 큰 위기가 발생할 수 있고, 특히 자산시장의 거품붕괴는 달러화 자금의 급속한 이탈로 이어질 것이다.

현재 외환시장을 둘러싼 여건들이 원화 약세를 지향하고 있고, 달러-원 환율이 이미 상승세로 추세 전환한 것으로 보여진다. 특히 현재 국내경제에 산적한 문제들이 위기로 발전할 경우 달러-원 환율은 1998년 IMF 금융위기, 2008년 글로벌 금융위기 때처럼 급등할 수도 있다.

달러-원 환율 방향에 따른 주식시장, 이렇게 될 것이다

코로나19의 재확산이 실물경기 회복을 지연시키고, 안전자산 선호현상을 강화시킬 것으로 보여진다. 국내 주식시장에서 외국인 자금 이탈이 강해지고, 이로 인해 달러-원 환율 상승과 주가 하락이 나타날 것으로 생각된다. 이제는 주식시장에 신중한 접근이 필요한 시점이다.

저금리와 유동성 확대가
주가 상승을 견인한다

주가와 환율은 시차변수로 봐야 하지만, 역의 상관관계를 갖는 것처럼 보인다. 즉 달러-원 환율이 하락하는 구간에서 주가는 상승하고 달러-원 환율이 상승하는 구간에서 주가는 하락한다. 아직은 달러-원 환율 상승이 뚜렷하지 않고, 국내 주가지수도 뚜렷한 약세국면은 아니다. 2021년 6월 종합주가지수는 사상 최고치인 3316.08p를 기록한 이후 기간조정 양상을 보이고 있다.

주가 상승은 국내 시중유동성 유입에 기인하고 있다. 이는 코로나 19에 대응한 정부의 재정확대와 한은의 저금리가 큰 역할을 했다. 개인자금은 2020년 47.5조 원, 2021년 7월 23일까지 61.1조 원이 증시로 유입된 반면 외국인 자금은 동기간 각각 24.6조 원, 20.9조 원이 이탈했다. 투신, 연기금 등 국내기관 자금도 2020년에 25.5조 원 이탈한 데 이어 2021년에도 38.5조 원이 이탈했다.

위기가 발생할 경우
가파른 가격조정이 발생할 것이다

현재 주가와 실물경기 사이에는 괴리가 크다. 주가는 실물경기를 선반영해서 움직인다. 2021년에 국내외 경제는 코로나19 악영향에서 벗어나 강한 회복세를 나타낼 것으로 전망했었다. 그러나 델타 변이 바이러스 출현으로 전 세계적으로 코로나19가 재확산되고 있다. 특히 백신 접종률이 높은 영국, 미국 등지에서 급속히 확진자가 늘어나고 있다. 백신 무력화에 대한 우려도 크다. 코로나19 재확산이 국내외 경기 회복을 지연시킬 가능성이 커졌다. 향후 국내외 경기에 대한 불안감이 커질 것이다.

코로나19가 경기불안감을 높인다면 주가 거품논쟁이 커질 수밖에 없다. 2021년 7월 23일 기준 거래소 시가총액은 GDP 대비 114.2%이며, 코스닥을 합칠 경우 GDP 대비 136.2%이다. 거래소 시가총액 상위 10종목의 2021년 평균 PER*은 12.1배 정도이다. 시가총액 상위

10 종목의 주가수익비율(PER) 기준으로 볼
때 국내 주가수준이 크게 고평가 됐다고 보
기는 어렵다.

그러나 증권거래소에서 발표하는 데이터
에 따르면 거래소 전체 PER은 18.14배, 코
스닥 PER은 46.61배이다. 시장 전체적으로
볼 경우 우리 주식시장은 상당히 고평가되
어 있고, 거래소와 코스닥 시가총액은 GDP
대비 100%를 크게 상회하고 있다. 보통 한
나라의 주식시장의 시가총액은 GDP 기준
100% 내외가 적정하다.

코로나19 재확산으로 국내외 경기 회복이 예상보다 저조할 경우,
기업들의 이익전망치도 하향 조정되어야 한다. 이 경우 [표 4-5]에
서 제시한 주요 기업들의 주가수익비율이 낮게 추정되었을 수도 있
다. 국내경제의 저성장 기조에도 불구하고 저금리와 풍부한 시중유

▶ 표 4-5 주식시장 지표(2021년 7월 23일)

종합주가 지수(P)	거래소 시가총액 (조 원)	코스닥 시가총액 (조 원)	GDP (조 원)	GDP대비 시가총액 비 중(거래소) (%)	GDP대비 시가총액 비중 (거래소+ 코스닥) (%)	거래소 상위 10 PER 평균 (배)
3254.42	2296.4	441.0	2010.5	114.2	136.2	12.1

자료: 증권거래소, 한국은행
주: 종합주가지수, 시가총액은 2021년 7월 23일 기준, GDP는 2021년 경상GDP 추정치
거래소 상위 10 PER 평균은 7월 23일 기준 시가총액, 주요 증권사 2021년 순이익 추정치 적용

동성으로 주가는 크게 상승한 만큼 향후 주가 버블 논쟁이 커질 수밖에 없다.

2021년 6월에 종합주가지수가 사상 최고치인 3300선을 넘어서기도 했지만, 상승탄력은 급속히 둔화됐다. 주식시장은 2021년 4월부터 3100~3300p의 박스권이 유지되고 있다. 특히 주가가 상승하더라도 상승 종목수보다 하락 종목수가 많은 전형적인 고점형태를 띠고 있다. 이런 가운데 향후 민간부분의 부채와 같은 위기가 발생할 경우 외국인 자금이 급속히 이탈하면서 주식시장의 가파른 가격조정이 나타날 수밖에 없다. 현재의 주가 수준과 코로나19 위기상황을 고려할 때 주식시장은 장기 하락 추세를 나타낼 것으로 생각된다.

주가 하락에 대한 경고 목소리도 여러 곳에서 나타나고 있다. 짐 로저스는 2008년 일어난 글로벌 금융위기를 능가하는 큰 위기가 닥칠 것이라고 경고했다. 케리 실링은 시장의 최근 반등세에 '속지 말라'고 말하며 2021년 주가가 40% 정도 하락할 수 있다고 경고했다. 마이클 베리는 거대한 투기거품이 모든 곳에 끼었다고 경고했다. 한은 이주열 총재는 증시 상승 속도는 과거에 비해 대단히 빠르다고 평가하면서 자산시장에 대한 우려를 표명했다.

향후 주식시장의 가격조정의 강도에 따라 환율 상승 속도도 달리할 것이다. 현재 주가 거품, 코로나19로 인한 자영업자 위기 등 내부적으로 산적한 문제를 고려할 때 주식시장에서 가격조정이 가파르게 나타날 수 있다. 이 경우 달러-원 환율도 상당히 빠른 속도로 상승할 것이다.

주식시장에
어떻게 접근해야 하나?

주식시장의 고점을 예상하기는 어렵다. 그렇지만 주가와 실물과의 괴리가 큰 것은 분명하고, 이런 상황이 오래 지속되지는 않는다. 2021년 들어 증시 변동성도 크게 확대됐다. 변동성 확대 등 여러 곳에서 주식시장의 고점 징후들이 나타나고 있다.

2020년 3월 종합주가지수 저점은 1439.43p였고, 이때 주식투자를 시작했다면 누구나 수익을 낼 수 있었다. 일명 주린이(주식 어린이)도 주식투자를 통해 돈을 벌 수가 있었다. 그러나 종합주가지수 3000선을 넘어서면서부터는 주가가 상승하더라도 수익을 내기가 쉽지 않다. 이는 삼성전자, 현대차, LG화학 등 시가총액이 큰 일부 대형종목

▶ **그림 4-6** 종합주가지수(일봉)

자료: 교보증권

들에서 빠른 순환매 양상을 보이고 있기 때문이다.

주식투자를 통해 수익을 얻기 위해서는 가격의 연속성이 있어야 한다. 그러나 2021년 들어서는 가격의 연속성이 현저히 낮아졌다. 2021년 들어 주식시장의 특징은 변동성이 확대됐고, 종합주가지수가 상승하더라도 상승 종목수보다 하락 종목수가 더 많다는 점이다.

아직 국내 주식시장의 상승기조가 꺾인 것은 아니지만, 신중한 접근이 필요한 시점이다. 특히 증시가 하락기로 접어들 경우 주식투자를 통해 수익을 내기가 굉장히 어렵다. 확률적으로 수익을 얻기보다는 손실을 볼 가능성이 높다. 증시 격언에 '무릎에서 사서 어깨에서 팔라'는 말이 있다. 주가 고점을 예상하기도 어렵지만, 과욕으로 매도 시기를 놓칠 수도 있다.

현재 국내 주가수준은 고점 부근에 있는 것은 분명하다. 머지 않아 주식시장이 장기 하락추세로 접어들 것이다. 주가가 추가 상승 시마다 주식보유비중을 줄여 나가야 할 것이다. 또한 향후 주가 하락에 대비해 보유주식에 대한 헤지방안도 적극 강구하는 한편, 주가 하락에 베팅하는 ETF 인버스 투자도 고려해볼 만하다. ETF 인버스는 KODEX 200선물인버스2×, KOSEF 200선물인버스2×, KODEX 코스닥150인버스 등이 있다.

다가올 3년, 위안화와 엔화의 흐름은 이렇게 될 것이다

향후 미국 연준의 출구전략 시행 등으로 글로벌 달러화 강세가 나타날 것이다. 이로 인해 원화와 위안화 모두 달러 대비 약세를 나타내지만, 원화 약세 강도가 강할 것이다. 위안-원 환율은 제한적이지만 상승할 가능성이 높다.

위안화 약세가 예상되지만 약세폭은 제한적이다

2014년 12월부터 국내에서 위안화 직거래시장이 열렸지만, 위안-원 환율은 위안화에 영향을 받기보다는 미국 달러화에 크게 연동되어 움직인다. 원화와 위안화 모두 2020년 상반기를 기점으로 미국 달러화에 대해서 강세를 나타내고 있다. 이는 글로벌 달러화 약세가 진행됐기 때문이다. 하지만 2020년 하반기에는 미국 달러화 대비 원화 강세가 위안화 강세보다 강했다. 이로써 위안-원 환율은 하락했다.

2021년 들어 외환시장에서 변화가 나타나고 있다. 원화가 달러화에 대해 약세가 뚜렷이 나타나고 있지만, 위안화는 달러화에 대해서 여전히 강세를 유지하고 있다. 이로써 위안-원 환율은 상승하고 있다. 즉 2021년 들어서 원화가 위안화에 대해 약세를 보이고 있다. 위안화가 원화에 대해 강세를 나타내고 있는 것은 중국의 대미 대규모 흑자가 유지되고 있고 있는 반면 국내 주식시장에서 외국인 자금 이탈이 지속됨으로써 원화 약세가 빠르게 진행되고 있기 때문이다. 원화가 위안화에 대해서 약세를 보이고 있지만, 위안-원 환율은 15원 내외의 좁은 박스권에서 움직이고 있다.

향후 미-중 무역전쟁, 중국의 경제성장 모멘텀 약화, 미 연준의 통화정책 등이 위안화 환율에 영향을 크게 줄 요인이다. 앞서 언급한 것처럼 중국정부가 쌍순환을 통해 경제성장을 모색하고 있지만, 중

▶ **그림 4-7** 달러-위안, 달러-원, 위안-원 환율

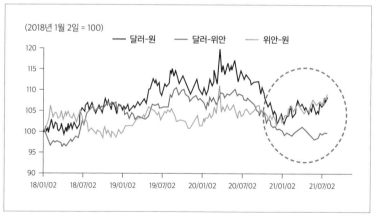

자료: 한국은행
주: 환율 추이는 2018년 1월 2일 = 100을 기준

국 경제성장률 둔화가 빠르게 진행되고 있고, 미-중 무역전쟁도 중국경제에 부담을 줄 요인이다. 또한 미국 연준리가 단기에 기준금리를 인상하기는 어렵지만 양적완화 축소가 논의되고 있다.

2021년 하반기부터 글로벌 달러화 강세가 나타날 것이다. 위안화도 미국 달러화 대비 약세를 나타낼 것으로 생각되지만, 중국의 대규모 무역수지 흑자를 고려할 때 달러-위안 환율 상승폭은 제한될 것이다. 즉 위안화 약세폭은 제한적일 것으로 생각된다. 한편 원화도 미국 달러화 대비 약세를 나타내지만, 국내 위험요인들과 자본시장에서 외국인 자금 이탈 등으로 달러-원 환율 상승 속도는 상당히 빠를 수 있다. 미국 달러화 대비 중국 위안화 약세 속도보다 원화 약세 속도가 빠를 것이다. 이로 인해 위안-원 환율은 상승할 것으로 생각된다.

글로벌 달러화 강세 영향으로 엔화도 약세를 나타낼 것이다

일본 엔화의 경우 미국 달러화와 더불어 안전자산으로 평가받고 있다. 일본경제의 장기불황에도 불구하고 엔화가 안전통화로 평가받고 있는 것은 일본이 대규모의 해외자산을 보유하고 있기 때문이다. 이로 인해 일본의 경상수지 흑자가 지속되고 있고, 외환보유고도 약 1.4조 달러로 세계 2위이다. 코로나19 발생 이후 대부분의 통화가 달러화 대비 큰 폭으로 약세를 나타냈지만, 엔화는 소폭 하락하는 데 그쳤다.

달러-엔 환율은 2020년 2월에 112.07엔을 기록해 2019년 말 대비 1.8% 상승하는 데 그쳤지만, 달러-원 환율은 코로나 발생 이후 1,285원선까지 상승했다. 미국 달러화 대비 원화의 가치 하락률은 11.2%에 이르고 있다. 상대적으로 달러화 대비 원화 약세폭이 컸다. 이로 인해 엔-원 환율도 1,172.73원까지 상승했다. 원화는 일본 엔화와 비교했을 때 2019년 말 대비 10.6% 상승했다.

엔화가 안전자산으로 평가받기 때문에 글로벌 경제 및 금융시장에서 위기가 발생할 경우 오히려 엔화는 강세를 띤다. 2021년 하반기 들어 백신접종에도 불구하고 코로나19가 재확산되고 있다. 미국, 영국 등 백신접종률이 높은 국가에서 코로나 확진자가 크게 늘어나고 있어 백신 무력화에 대한 우려도 크다. 2021년 하반기에는 코로나19가 재차 세계경제 불안감을 높이고 있다.

▶ **그림 4-8** 달러-엔 환율, 엔-원 환율

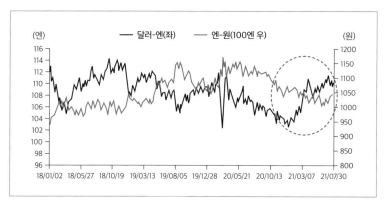

자료: 한국은행
주: 환율 추이는 2018년 1월 2일 = 100을 기준

한편 미국 연준리는 코로나19 상황이 지속되고 있지만, 자산가격 급등과 인플레이션 현실화로 인해 양적완화 축소에 대한 논의를 본격화했다. 2021년 말 전후해서 연준리가 양적완화 축소에 나설 것으로 기대된다. 미국 연준리가 기준금리 인상을 하기까지는 많은 시간이 남아있지만, 통화정책의 변화 가능성이 높아지고 있다. 미국 연준의 통화정책 변화는 글로벌 달러화 강세를 이끌 것이다.

2021년 달러-엔 환율은 102엔선까지 하락한 이후 7월 현재 110엔선을 넘어서고 있다. 2021년 들어 엔화 약세가 여타 국가에 비해 빠르게 진행되고 있다. 이는 일본 국민들의 백신에 대한 거부감으로 일본에서 백신접종률이 저조한 가운데 코로나19 확진자가 크게 늘어나고 있기 때문이다. 미국의 통화정책 변화 가능성으로 엔화가 글로벌 달러화 강세 영향에서 자유로울 수는 없지만, 안전자산으로 엔화가 취급되고 있다는 점에서 달러-엔 환율은 향후 제한적인 상승에 그칠 것이다.

재정환율인 엔-원 환율은 2021년 들어 미국 달러화에 대해 엔화의 약세 속도가 원화의 약세 속도보다 빠르게 진행됨에 따라 6월에는 1,000원선까지 하락했다. 6월 이후 원화의 약세가 빠르게 나타남에 따라 엔-원 환율은 7월 현재 1,040원대로 상승했다. 향후 글로벌 달러화 강세로 엔화와 원화 모두 달러화 대비 약세를 나타내지만, 원화 약세가 빠르게 나타날 것으로 예상된다. 특히 국내에서 자영업대출 등에서 위기가 발생할 경우 엔-원 환율 상승도 가파르게 진행될 것이다.

금리가 상승하면 환율의 흐름은 이렇게 될 것이다

금리와 환율은 역의 상관관계다. 국내금리가 상승하면 달러화 자금 유입으로 달러-원 환율은 하락한다. 향후 미국 연준리의 통화정책 변화로 금리가 상승하고, 이로 인해 국내자본시장에서 외국인 자금 이탈로 달러-원 환율은 상승할 것이다.

금리와 환율은
역의 상관관계를 갖는다

앞서 환율은 2국통화의 교환비, 즉 화폐의 가격이라고 했다. 금리(Interest Rate)는 원금에 지급되는 기간당 이자를 비율로 표시한 것으로 '이자율'이다.

이자율은 통상적으로 연간 이자율을 의미하며, %로 표시한다. 예를 들어 A라는 사람이 올해 은행에서 100만 원을 빌려 다음해 105만 원을 갚았다면, 이때 A가 빌린 원금은 100만 원이고 5만 원은 100만

유효수요: 유효수요는 시장에서 구매력을 수반하는 수요를 의미하고, 소비와 투자의 2가지로 이루어져 있다. 유효수요 이론은 경기변동의 조정 정책으로 쓰인다. 국내경기가 침체될 때에는 적자 예산을 통해 유효수요를 증가시켜 경기 회복을 꾀하고, 경기가 과열될 때에는 흑자예산을 편성해 유효수요를 감소시킴으로써 경기를 진정시킬 수 있음

원을 빌린 대가로 지불한 이자이다. 이자율은 5%가 된다. 따라서 금리는 돈의 가격이다.

금리는 여러 정책요인, 대내외 경기상황 등에 영향을 받지만, 기본적으로 자금의 수요와 공급에 의해 결정된다. 시중에 유동성 공급이 증가하고, 돈에 대한 수요보다 공급이 많아지면 금리는 하락하고, 반대로 유동성 공급이 많지 않은데 돈에 대한 수요가 증가하면 금리는 상승한다.

한 나라의 통화정책을 관장하는 곳이 중앙은행이다. 중앙은행에서는 유효수요*가 부족하고 경기부진이 지속되는 경우 기준금리를 인하해 경기부양에 나서고, 경기호전으로 물가 상승 압력이 커질 경우 기준금리를 인상해 물가 안정을 꾀한다. 중앙은행의 통화정책에 따라 시중금리가 크게 변동한다.

금리와 주가는 역의 상관관계를 가진다. 금리가 하락할 경우 돈을 빌리려는 사람들은 보다 싼 값에 자금을 이용할 수 있고, 싼 값에 빌린 돈이 주식시장으로 이동함에 따라 주가는 상승한다. 금리가 상승할 경우에는 비싼 값에 자금을 이용해야 하기 때문에 주식시장으로 자금이동이 멈추거나 오히려 빠져나간다. 이로 인해 주가는 하락하게 된다.

그렇다면 금리와 환율은 어떤 관계를 가지고 있을까? 금리와 환율은 국가 간의 자금이동 문제이다. 만약 신용도가 같은 A, B국이 있고,

▶ **그림 4-9** 금리, 환율, 주가의 관계

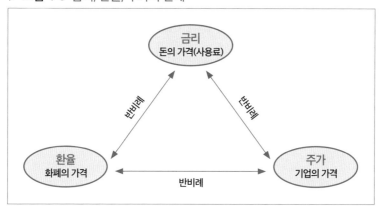

이들 국가의 시중금리는 각각 5%로 동일하다고 가정하자. 이제 A국이 경기, 물가 등의 변동으로 인해 금리를 10%로 인상했다면 B국의 자금들이 A국으로 이동한다. 이는 100만 원을 B국에 저축할 경우에는 5만 원의 이자를 받지만, A국에 저축할 경우에는 10만 원의 이자를 받기 때문이다. 국제투자자금들은 신용도가 같다면 금리가 높은 곳으로 이동한다.

　B국에서 A국으로 자금이 이동한다는 것은 A국 통화에 대한 수요가 증가한다는 이야기이다. 이때 A국의 통화가치는 상승하게 된다. 국내로 해외투자자금이 이동할 경우 원화가치가 상승, 즉 달러-원 환율은 하락하게 된다. 일반적으로 금리와 환율은 역의 상관관계를 갖는다.

미국 연준의 테이퍼링은
금리와 달러-원 환율 상승의 신호이다

국제투자자금은 금리가 낮은 국가에서 높은 국가로 이동한다. 국가 간 자금이동이 외환시장에도 크게 영향을 미친다. 그렇지만 신용도가 같다는 가정하에서 맞는 이야기다. 우리나라와 미국을 비교할 경우 미국 달러화는 안전자산이고 우리나라보다 미국의 신용도가 높다. 투자자들이 안전자산으로 한국의 원화자산보다 미국 달러화자산을 더 신뢰한다.

신용도에서 차이가 나고 금리가 같을 경우에는 당연히 신용도가 높은 국가로 자금이 이동한다. 이는 리스크에 대한 프리미엄이 존재하기 때문이다. 현재 미국 연준의 기준금리는 0~0.25%이고 우리 한국은행의 기준금리는 0.75%이다. 아주 특별한 경우가 아니면 우리의 금리수준이 미국의 금리수준보다 항상 높기 마련이다. 한국과 미국의 금리수준이 역전될 경우에는 국내 자본시장에서 자금 이탈에 대한 우려가 높아진다.

이러한 자금이동 요인으로 인해 아주 특별한 경우가 아니면 한국은행의 통화정책이 미국 연준의 정책보다 선행적으로 이루어지기는 어렵다. 또한 우리경제는 대외경기상황에 크게 좌우되는 소규모 개방경제라는 점에서도 선행적인 통화정책 결정은 쉽지 않다.

한국은행과 미국 연준의 통화정책 목표는 공히 물가 안정에 있다. 또한 한국은행은 금융시장 안정과 연준은 완전고용이라는 추가적인 목표가 있다. 한국, 미국 모두에서 인플레이션 압력이 커지고 있다.

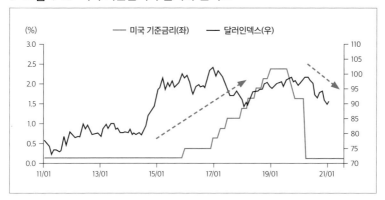

자료: 한국은행

6월 미국의 소비자물가는 13년 만에 최고치인 5.4%(yoy), 한국 소비
자물가는 2.4%로 3개월 연속 2%를 상회했다.

전 세계적으로 물가상승률이 높아짐에 따라 우리나라를 비롯해
브라질, 멕시코 등이 이미 기준금리를 인상했고 미국 연준리에서도
양적완화축소(tapering)에 대한 논의를 시작했다.

2021년 7월 현재 한국의 국고채 10년 금리는 2.12%, 미국의 10년
국채금리는 1.74%를 기록하고 있다. 2020년 7월에 한국의 국고채 10
년 금리는 1.28%, 미국의 10년 국채금리는 0.52%와 비교할 때 큰 폭
으로 상승했다. 한국과 미국의 시중금리 상승은 재정확대에 따른 국
채 발행 증가도 한 요인이지만, 무엇보다 중앙은행의 통화정책 변화
가능성이 금리 상승 압력을 높이고 있다.

아직 금리 상승이 외환시장에 영향을 크게 주지는 않고 있다. 그
러나 미국 연준리가 테이퍼링을 본격화 할 경우 미국의 금리가 빠르

게 상승할 것이다. 미국 연준리의 테이퍼링이 국내 금리상승을 유발하고, 한은도 선제적으로 8월에 기준금리를 인상했다. 외환시장관점에서 한은의 금리 인상이 원화 가치 하락을 방어하기 위한 목적이 있다.

미국 달러화 자산은 안전자산으로 취급되는 반면 우리나라의 원화 자산은 여전히 이머징마켓의 위험자산으로 분류되고 있다. 또한 연준리의 통화정책 변화시 외국인 투자자들에게 상당한 금리프리미엄을 제공해야 국내에서 외국인 자금 이탈을 막을 수 있다. 즉, 외국인들이 원화 자산에 투자할 만큼 한-미 간의 금리차가 커야 한다.

국내 자본시장에 들어와 있는 외국인 자금은 2021년 7월 현재 주식에 811.0조 원, 채권에 195.3조 원이다. 외국인 자금은 주식 비중이 80.6%인 반면 채권비중은 19.4%이다. 한국은행이 금리 인상을 통해 채권시장에 들어와 있는 외국인 자금 이탈을 막을 수 있다고 하더라도 주식시장에서의 자금 이탈은 막을 수가 없다. 미국 연준리의 테이퍼링으로 인한 금리상승은 국내 주식시장에서 외국인 자금 이탈을 가속화시킬 것이다.

이러한 여러 이유로 인해 미국 연준리가 테이퍼링을 본격화할 경우 한국은행이 추가적으로 금리를 인상하더라도 원화 가치 하락을 막지는 못할 것이다.

우리는 투자대상으로 주식, 채권만 생각한다. 그러나 가격의 변동성이 있는 모든 것은 투자대상이 될 수 있다. 가격의 변동성이라는 측면에서 외환도 주식, 채권과 마찬가지로 투자대상이 될 수 있다. 외환에 대한 직접투자는 외화예금에 가입하거나 FX마진 거래, Kodex 미국 달러선물 ETF를 거래하는 방법 등이 있다. 5장에서는 외환에 대한 직접투자뿐만 아니라 간접투자까지 다루도록 하겠다.

외환투자로
돈 버는 노하우는
이것이다

헤지펀드는
글로벌 금융시장의 '탕아'인가?

외환거래의 형태는 크게 헤징(hedging)거래와 투기적(speculation)거래로 구분된다. 헤징거래는 미래의 가격변동 위험을 회피할 목적으로 현재 계약을 체결하는 거래이며, 투기적거래는 가격변동을 예측해 시세변동에 의한 시세차익을 목적으로 하는 거래이다.

외환거래의 기본은
헤징이다

외환거래의 형태는 크게 헤징(hedging)거래와 투기적(speculation)거래로 구분할 수 있다. 헤징거래는 미래에 수행할 매입 또는 매도에 대하여 미래의 가격변동위험, 즉 리스크를 회피할 목적으로 현재 계약을 체결하는 거래를 가리킨다. 가장 일반적인 헤징은 선물환포지션이 오픈포지션*일 때, 이를 스퀘어포지션*으로 전환시킴으로써 환리스크를 회피하는 것이다.

예를 들어 A라는 수출업자가 현재 수출 계약을 맺고 60일 후에 100만 달러의 수출대금을 수령하는 계약을 맺었다고 가정하자. 그렇게 되면 이 수출업자는 외화표시 순자산을 가진 것이며, 환율 변동 위험, 즉 환리스크에 놓이게 된다.

이런 경우 수출업자는 원화 강세, 달러화 약세를 우려해 100만 달러를 60일 선물환 매도를 통해 환율 변동 위험을 제거할 수 있다. 즉 선물 달러화를 매도하는 것이다. 그리고 60일 후에는 달러화 수출대금을 수령하고, 이미 약정된 선물환율에 따라서 이 달러화를 지불하고 원화를 수령하면 된다.

이 수출업자는 60일 후 현물환율이 어떤 수준에 놓이든 관계없이 선물환율매도계약을 맺은 현재에 약정된 선물환율에 따라 확정된 금액의 원화를 수령하므로 환리스크를 회피할 수 있게 된다. 선물매도헤지 거래는 달러-원 환율 하락에 따른 손실을 방어하지만, 예상과 달리 환율이 상승할 경우 얻을 수 있는 환차익은 포기해야 한다.

반대로 가령 현재 수입계약을 맺음으로써 90일 후 100만 달러의 수입대금을 지불해야 하는 수입업자는 외화표시 순부채를 가진 것이므로 환율 변동 위험, 즉 환리스크에 놓이게 된다. 이 경우 수입업자

▶ 표 5-1 선물환거래에 의한 수출대금의 헤징

	금액	환리스크 노출규모		
		외화수취예정 외화표시자산	외화지급(예정) 외화표시부채	순노출
수출계약	$1,000,000	$1,000,000		$1,000,000
60일 만기 달러화 선물환매도계약	$1,000,000		$1,000,000	$0
수출대금수령	$1,000,000	$1,000,000		
달러화선물환매도결제 (달러화 지급, 원화 수령)	₩1,100,000,000		$1,000,000	$0

주: 현재의 달러-원 환율은 1,100원이라고 가정

는 원화 약세, 달러화 강세가 나타날 경우 환차손이 발생한다. 즉 달러-원 환율이 상승할 경우 환차손이 발생하고, 환율이 하락할 경우 환차익이 발생한다.

수입업자는 환율변동위험을 제거하기 위해 100만 달러를 90일 선물환으로 매입하면 된다. 즉 선물 달러를 매입하는 것이다. 그리고 3개월 후에는 이미 약정된 선물환율에 따라서 원화를 지불하고 미 달러화를 수취해 수입대금을 지불하면 된다.

이 수입업자는 90일 후 현물환율이 어떤 수준에 있든 관계 없이 선물환매입계약을 맺은 현재에 약정된 선물환율에 따라 확정된 금액의 원화를 지불하므로 향후 환율변동의 위험을 회피할 수 있게 된다.

▶ 표 5-2 선물환거래에 의한 수입대금의 헤징

	금액	환리스크 노출규모		
		외화수취예정 외화표시자산	외화지급(예정) 외화표시부채	순노출
수입계약	$1,000,000		$1,000,000	-$1,000,000
90일 만기 달러화 선물환매입계약	$1,000,000	$1,000,000		$0
수입대금지불	$1,000,000		$1,000,000	
달러화선물환매입결제 (원화 지급, 달러화 수령)	₩1,100,000,000	$1,000,000		$0

주: 현재의 달러-원 환율은 1,100원이라고 가정

외환의 투기적거래는
시세차익을 목적으로 하는 거래다

향후 보유하게 될 외화자산이나 부채에 대해 해당 외화의 약세나 강세가 예상되는 경우에는 해당 외화의 선물환을 매도 또는 매입함으로써 환차손을 회피할 수 있다. 선물환을 이용한 헤징거래는 환리스크를 회피할 수 있는 반면 환율이 유리하게 변동할 경우 환차익을 얻을 수 있는 기회를 포기하는 것이다. 헤징은 환리스크 회피를 위해 이익취득기회를 포기한 거래이다.

이와 같이 선물환을 이용해 환리스크를 회피할 경우 비용이 발생한다. 이를 선물환 헤징비용이라고 한다. '선물환 헤징비용'은

> 스왑레이트(swap rate):
> 선물환율과 현물환율의 차이로, 달러-원의 현물 환율이 1,100.00원이고 60일 뒤에 선물환율이 1,115.00원이라면 스왑레이트는 15.0원이 됨

선물환율과 현물환율 사이의 격차, 즉 스왑레이트*이며, 이를 연율로 나타내면 선물환 프리미엄이다.

외환거래의 또 다른 형태가 투기적거래(speculation trading)이다. 투기적거래는 헤징거래와 반대로 장래의 가격변동을 예측해 선물계약을 매도 또는 매수함으로써 시세변동에 의한 시세차익을 목적으로 하는 거래이다. 위험을 감수하고 잠재적인 이익을 추구하기 위해 행하는 거래를 말한다.

일반적으로 선물환율은 미래의 현물환율에 대한 외환시장의 시장참가자들 전체의 예상을 바탕으로 형성된 것이라 할 수 있다. 그런데 이러한 선물환율과 어떤 한 시장참가자가 개별적으로 예상하는 미래의 현물환율 사이에 서로 차이가 있을 경우에 이 시장참가자는 투자자로서 선물환투기를 해서 이익실현을 도모할 수 있다.

예를 들어 투기거래자가 3개월 후 미국 달러화 가치가 시장예상보다 고평가될 것을 예상해서 달러화 선물을 1,100원에 매수했다고 가정하자. 실제 3개월 후 달러-원 현물환율이 1,100원보다 높은 1,110원이 되었다면, 이 경우 투기거래자는 선물계약에 의해서 달러당 1,100원을 지급해 달러를 매입하고, 다시 현물환시장에서 달러당 1,110원씩 받고 매도함으로써 달러당 10원의 이득을 얻게 된다.

반대로 3개월 후 현물환율이 1,100원보다 낮아졌을 경우 투기적거래자는 손실을 보게 된다. 선물환매도에 의한 투기적거래도 동일하다.

헤지펀드는 고수익을 추구하는
투기성 자본이다

헤지펀드는 국제금융시장의 급성장과 금융의 국제화 등으로 투자 위험 대비 고수익을 추구하는 적극적 투자자본을 일컫는다. 헤지펀드는 투자지역이나 투자대상 등의 규제를 받지 않고 고수익을 추구하는 투기성자본이다. 뮤추얼펀드가 다수의 소액투자자를 대상으로 자금을 공개 모집하는 펀드인 반면, 헤지펀드는 소수의 고액투자자를 대상으로 하는 사모투자자본이다. 뮤추얼펀드가 주식, 채권 등 비교적 안전성이 높은 상품에 투자하는 데 반해 헤지펀드는 선물, 옵션 등에서 고위험, 고수익을 추구한다.

헤지펀드는 환율, 주식(파생상품 포함), 채권, 부동산 등 어떤 것이든 가리지 않고 투기적인 성격으로 운영되는 펀드다. 안전보다는 고수익을 목표로 높은 레버리지를 활용한다. 대표적인 헤지펀드로 조지 소로스 회장이 운용한 컨텀펀드(Quantum Fund)가 있다. 1969년 짐 로저스와 함께 세운 퀀텀펀드는 400만 달러로 시작해 1989년까지 20년간 연평균 수익률 34%를 기록하며 헤지펀드의 역사에 새로운 장을 열었다.

헤지펀드들도 1998년 롱텀캐피탈 파산, 2000년 IT버블 붕괴, 2007년 중국증시 하락 등의 시기에 큰 손실을 입었고, 2008년 미국의 서브프라임이 촉발한 글로벌 금융위기를 지나오면서 시들해졌다. 조지 소로스 회장도 2011년 81세의 나이로 펀드매니저에서 은퇴했다. 현재 투자자들에게 투자금을 모두 돌려준 후 가족펀드(개인 재산)의 형태로 자금을 운용중이다.

헤지펀드는 단기 고수익을 얻기 위해 국제적인 금융혼란을 야기하는 경우가 빈번했다. 몇 가지 대표적인 사례들을 살펴보자.

• 1992년 영국 파운드화 폭락사태를 유발하다

1992년 9월 15일의 영국의 파운드화 폭락을 두고 '검은 수요일(Black Wednesday)'이라고 일컫는다. 조지 소로스는 1992년 10월 영국의 중앙은행인 영란은행이 두 손을 들게 하면서 명성을 얻기 시작했다. 그는 영국 파운드화가 평가절하될 것이라고 예상한 뒤, 파운드화를 단기 투매해 실제로 파운드화 가치를 20%나 떨어뜨렸다. 영란은행이 뒤늦게 외환시장에 개입했지만, 속수무책으로 떨어지는 파운드화를 잡기에는 역부족이었다. 소로스는 파운드화 투자에서 2주 만에 10억 달러(약 1조 원)를 벌어들이며 일약 헤지펀드의 스타로 떠올랐다.

• 1994년 멕시코 금융위기를 촉발시키다

멕시코 외환위기는 경상수지 적자 누적, 외자유입으로 인한 페소화의 고평가, 정치적 불안 등이 원인이었다. 멕시코 경제의 펀더멘털이 악화되고 있는 가운데 정치적 불확실성이 고조됨에 따라 외국자본의 유입이 중단됐고, 외환보유고가 급감함에 따라 외환위기가 본격화됐다. 1994년 정권교체 전후 정치적인 불안정이 심화됐고, 1990년 이후 미국뿐만 아니라 여타 신흥국들이 경쟁적으로 금리를 인상함에 따라 멕시코에 진출했던 해외자본이 유출되기 시작했다.

멕시코 외환보유액은 1994년 1월 263억 달러에서 그 해 12월에 61억 달러로 급감했고, 1994년 12월에 출범한 세디요 정부는 문제해결을 위해 12월 20일에 14%에 달하는 페소화의 평가절하를 단행했다. 이러한 조치가 자금 이탈을 막지는 못했다. 1995년 미국과 IMF가 멕시코에 대규모 자금지원에 나서면서 멕시코에서 자금 이탈은 멈췄고, 금융시장은 빠르게 진정되어 갔다. 멕시코 금융위기는 급속한 자본 이탈(Hot Money)에 의해 발생했다.

• 1997년 태국 바트화가 폭락하다

태국은 1990년대 들어 경상수지 적자를 보전하기 위해서 단기성 차입에 의존하게 되었고, 이들 자금들이 이탈하면서 1997년 바트화 폭락, 태국의 외환위기를 불러왔다. 태국의 환율제도는 선진국 통화에 바트화의 가치를 연계시키는 복수통화바스켓제도로 준고정환율제도였으며, 태국의 금리수준은 14~20% 수준이었다. 이러한 환율제도와 고금리로 해외차입이 급증했다.

그러나 태국은 무역적자 확대와 1997년 초 부동산가격 하락 등으로 해외자금 유입이 감소하면서 바트화 가치 하락 압력이 커졌다. 태국 정부는 1997년 초에 외환보유고로 바트화 방어에 나섰지만, 외환보유고가 고갈되었고 더 이상 바트화를 방어할 여력이 없었다. 이때를 놓치지 않고 헤지펀드들은 태국 바트화를 매도하고 달러를 매입하는 투기성 공격을 시작했다.

이 당시 바트화는 헤지펀드들의 공매도 전략으로 50% 이상 하

락했고, 이때 바트화 공격에 나섰던 소로스펀드 등이 큰 수익을
얻게 되었다.

• 1998년 롱텀캐피탈이 파산하다

헤지펀드의 대표적인 실패 사례가 1998년 롱텀캐피탈(LTCM)이
다. 롱텀캐피탈 부도는 위험을 회피(헤지)할 수 있다는 '파생금융
상품에 대한 과신'에서 비롯됐다. LTCM은 노벨경제학 수상자인
마이런 숄즈와 살로먼브러더스 부사장으로 당시 월가의 스타였
던 존 메리웨더가 1994년 공동으로 설립한 회사였는데, 당시로
는 매우 혁신적인 금융기법인 '무위험 차익거래'를 들고 나왔다.
'양국 간 금리격차가 선물환 매입비용을 치르고도 남는다면 무
위험 차익거래를 할 수 있다'는 이론에 따라 러시아 국채 선물을
대거 매입하고 미국 국채를 공매도하는 차익거래를 했다. 이들은
외환선물 계약을 체결하면 환변동 위험을 완벽하게 제거할 수
있다고 믿었는데, 러시아의 모라토리움(지급유예) 사태가 터지면
서 모든 것이 무너지고 말았다.

하루 아침에 휴지로 변한 러시아 국채로 인해 롱텀캐피탈은 자
본금의 50배에 가까운 1,000억 달러의 손실을 입었고, 투자은행
들의 환매요구가 몰리자 미국 연준리는 채무상환 유예를 조건으
로 35.5억 달러의 유동성 자금을 지원해 간신히 사태를 진정시킬
수 있었다.

일본의 저금리를 기반으로 한
엔캐리트레이드

엔캐리트레이드는 엔화 약세를 부추겼고, 전 세계 주식·채권·부동산 등에 무차별적으로 투자되면서 부작용도 만만치 않았다. 엔캐리트레이드 자금이 급격히 청산될 경우 글로벌 금융위기를 증폭시키는 계기가 됐다.

국가 간의 금리차를 이용한
대표적인 투자 형태다

> **와타나베부인:** 일본에서 낮은 금리로 엔화를 빌려 외화로 환전한 뒤 해외의 고금리 자산에 투자하는 일본의 중·상층 주부 투자자들을 지칭하는 말이다. 국제금융가에서는 일본의 개인 외환투자자들을 통칭하는 용어임

국가별 금리차를 이용한 투자의 대표적인 형태가 엔캐리트레이드(Yen Carry Trade) 자금이다. 저금리국가인 일본에서 자금을 차입해 고금리국가에 투자하는 형태이다. 일명 '와타나베부인'*이라 일컬어진다.

일본경제는 1990년 초 버블 붕괴 이후 경기 침체로 인해 장기간

일본	미국	영국	유로존	캐나다	호주	브라질	멕시코	러시아	한국
0%	4.5%	5.5%	4.75%	4.7%	5.0%	16.25%	15.0%	25.0%	5.0%

자료: 한국은행

저금리 기조를 유지했고, 2001년 IT버블 붕괴 이후에는 제로수준 기준금리를 낮췄다. 반면 이 시기 여타국들의 기준금리는 미국 4.5%, 영국 5.5%, 한국 5.0%, 브라질 16.25% 등으로 일본의 제로수준에 비해 현저하게 높았다.

이에 글로벌 헤지펀드들은 일본 엔화자금을 차입해 고금리국가에 투자했고, 금리 차익에 더해 투자처가 해외이기 때문에 환차익까지 얻을 수 있었다. 즉 일본의 초저금리 정책으로 일본엔화(조달통화) 약세가 지속되면서 상대적으로 투자국의 통화(투자통화) 가치가 상승해 해외투자에 따른 환차익까지 기대할 수 있다는 점이 엔캐리트레이드를 활성화시킨 원인이었다. 소위 '와타나베부인'이라고 불리는 일본의 개인투자자들도 엔화 차입을 통해 금리가 높은 국가의 예금과 증권에 투자하는 수가 폭발적으로 증가하게 되었다.

엔캐리트레이드의 자금을 정확하게 파악하기는 어렵다. 국제결제은행(BIS) 등에 따르면 2006년 당시 엔캐리트레이드 규모는 약 1,000억 달러를 상회했을 것으로 추정했다. 엔캐리트레이드는 엔화자금이 일본에서 빠져 나간다는 점에서 엔화 약세를 부추겼고, 엔화 자금이 전 세계 주식·채권·부동산 등에 무차별적으로 투자되면서 세계 주요 금융시장에 끼친 부작용도 만만치 않았다. 특히 엔캐리자금이 급격

히 청산될 경우 글로벌 금융위기를 증폭시키는 계기가 됐다. 또한 엔
캐리트레이드는 미국의 과도한 경상적자로 대변되는 글로벌 불균형
을 더 확대시켰다. 미국 국채의 상당부분을 엔화자금이 소화했기
때문이다.

국내에서도 엔화대출이
2008년 사회문제화되기도 했다

한편 국내에서도 2005~2007년 사이에 국내 일본은행 지점 등
을 통해 엔화 대출금이 크게 증가했다. 이 당시 일본의 저금리에다
엔-원 환율 하락으로 엔화 대출에 대한 부담이 낮았다. 엔-원 환율
(100엔)은 2001년 1,100원선에서 2007년 7월 746원선까지 지속적으

▶ 그림 5-1 엔-원 환율(100엔) 추이

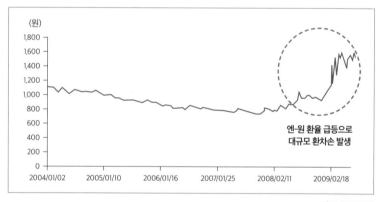

자료: 한국은행

로 하락했다. 당시 엔화 대출시 환차익 발생이 엔화대출 금리를 상쇄하고도 남았다.

그러나 2008년 글로벌 금융위기가 발생하면서 엔-원 환율이 1,500원선을 상회하는 급등세를 나타냈고, 국내 엔화 대출자들은 금리상승과 큰 폭의 환차손을 부담할 수밖에 없었다. 당시 엔화 대출은 중소기업, 병원 등에서 많이 받았는데 이들이 엔화 대출부담으로 줄줄이 도산하면서 한때 사회문제화되기도 했다.

코로나19 발생 이후 전 세계경제가 초저금리 상태에 있고, 위기시 엔화는 안전자산으로 취급되고 있어 엔캐리트레이드에 의한 투자시 환차손이 발생할 가능성이 높다. 현재는 엔캐리를 통한 자금이동이 과거에 비해 활발하지는 않지만, 향후 일본과 여타국 간의 금리차가 발생할 경우 엔캐리트레이드는 다시 부상될 수 있다.

외환투자의 가장 단순한 형태는
외화예금이다

외화예금은 원화가 약세를 나타낼 경우 환차익을 얻고, 원화가 강세를 나타낼 경우 환차손을 보게 된다. 외화예금의 가장 큰 장점은 환차익에 대해서 세금이 없다는 것이다.

외화예금은
무엇인가?

외화예금은 국내 기업과 개인이 취득한 외화를 원화로 환전하지 않고, 은행에 외화형태로 예치한 자금을 말한다. 거주자란 국내인이나 국내기업 외에도 국내에 6개월 이상 거주한 외국인 및 국내에 진출해 있는 외국기업 등을 포함한다. 거주자 외화예금은 외국인 등의 국내 비거주자가 국내은행에 개설하는 원화예금계좌와 상반되는 예금이다.

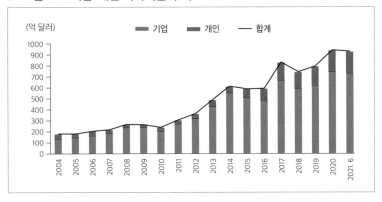

자료: 한국은행
주: 외화예금은 말잔

　　거주자 외화예금잔액은 2021년 6월 말 기준 930.4억 달러로 2020년 말 대비 11.8억 달러 줄었다. 그러나 코로나19가 발생하기 전인 2019년 말과 비교할 때 136억 달러나 증가했다. 현재 외화예금은 상당히 큰 규모로 늘어나 있다. 6월 말 현재 주체별 잔액은 기업이 732.1억 달러, 개인이 198.3억 달러이다. 거주자 외화예금이 2021년 들어 소폭 줄어든 것은 기업부문에서 줄어들었기 때문이다. 6월 현재 개인의 외화예금은 사상 최고치이다.

　　개인의 외화예금은 저축이나 투자를 목적으로 한 돈이다. 개인들의 외화예금은 위기에 대비하고 환차익을 목적으로 한다. 개인부문에서 외화예금이 사상 최대치라는 것은 향후 달러-원 환율이 상승할 것으로 보는 시각이 그만큼 많다는 이야기다.

외화 예금의 가장 큰 장점은
환차익에 대한 비과세다

누구나 은행 예금통장을 한두 개쯤은 가지고 있을 것이다. 외화예금통장도 은행창구에서 본인 확인을 거치면 누구나 개설할 수 있다. 외화예금이나 적금을 들기 위해서는 은행창구에 가서 외화예금통장을 개설하고 원화를 미국 달러나 기타 통화로 환전해서 외화예금통장에 넣으면 끝이다.

외화예금의 장점이자 단점은 환율 변동에 따른 위험에 직접 노출되어 있다는 것이다. 만약 미 달러화 1만 달러를 달러-원 환율 1,200원에서 외화예금을 가입했는데, 달러-원 환율이 1,000원으로 하락했다면 원화로 환산했을 때 200만 원의 환차손이 발생하고, 반대로 환율이 1,400원으로 상승했다면 200만 원의 환차익이 발생한다.

외화예금은 원화를 달러로 교환해서 예금통장에 넣는 것이다. 원

▶ **그림 5-3** 외화예금 흐름도

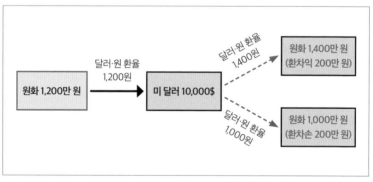

주: 환전시 수수료는 없다고 가정

화를 달러나 외국통화로 교환시 환전수수료가 있다. 앞서 환전수수료는 은행마다 조금씩 차이는 있지만, 통상적으로 1.75%이다. 달러를 원화로 환전할 때도 똑같이 적용된다. 따라서 환전수수료로 인해 외화예금은 약 3.5% 원금 손실을 보면서 시작하는 격이다. 환전수수료를 절감하기 위해서는 주거래 은행을 이용하는 것이 좋다. 주거래 은행 이용시 환전수수료를 최대 90%까지 우대를 받을 수 있다.

외화예금은 여러 가지 이점들이 있다. 첫째, 예금이기 때문에 분기마다 이자가 지급된다. 현재 초저금리인 점을 감안시 이자는 매우 낮은 수준이다. 이자수익에 대한 15.4%의 세금도 부과된다. 둘째, 예금이기 때문에 원화로 5,000만 원까지는 예금자보호가 된다. 셋째, 외화예금의 가장 큰 장점은 환차익에 대해서 비과세이다. 환차익이 발생하더라도 세금을 내지 않는다.

외화예금은 수수료와 환차손이 발생할 가능성이 있기 때문에 예화예금은 가입 시기가 중요하다. 미국의 통화정책 변화, 1997년 IMF, 2008년 글로벌 금융위기 등 국내외 위기 발생시 달러-원 환율은 급등세를 나타낸다. 현재 국내적으로 위험요인들이 산적해 있고, 미국 연준리에서 양적완화 축소를 언급하고 있는 상황이다. 앞서 언급했듯이 외환시장 상황은 원화 약세를 지향하고 있고, 실질실효환율 측면에서 적정 환율 수준은 1,100원 내외로 추정된다. 현재 달러-원 환율이 1,150원선으로 상승했지만, 환율 하락시 달러 예금에 대한 투자가치는 높은 것으로 판단된다.

FX마진 거래는
환율에 투자하는 상품이다

FX마진 거래는 레버리지 10배 상품이다. 금융기관이나 기업 등에서는 FX거래를 헤지용도로 이용하지만, 개인은 전적으로 투기적거래이다. FX거래에서 가장 중요한 것이 환율의 방향성 예측이다.

FX마진이란
무엇인가?

환율에 직접투자하는 형태로 FX마진 거래가 있다. FX마진 거래는 미국 달러, 유로화 등의 통화를 기초자산으로 한 파생상품이며, 가격 등 모든 거래요소가 표준화되어 있다. FX마진 거래는 해외선물거래이기 때문에 증권, 선물사가 고객의 주문을 받아 다시 FDM(Forex Dealer Member)을 통해 거래하는 장외시장이다. 이종통화 간 환율 변동을 이용해 시세차익을 추구하는 거래이다.

FX마진 거래는 미국 달러화, 유로화, 엔화 등 주요 8개국 통화를 조합해 EUR/USD, USD/JPY, CHF/USD 등 20개 통화쌍 상품이 있다. 일일 거래비중은 단연 미국 달러화와 유로화가 높다. 또한 국내외 선물·옵션상품과 달리 FX마진은 월물이 없어 원하는 기간까지 미결제를 유지할 수 있다. 즉 만기가 없는 상품이다.

FX거래는 양방향 수익구조를 가지고 있다. 환율 상승에 투자하는 매수뿐만 아니라 환율 하락에 투자하는 매도로 수익을 창출하는 구조다. 예시에서 보듯 기준통화인 EUR의 매수·매도가 모두 가능하며, 매수호가와 매도호가의 차이가 비용이다.

예) EUR/USD 스프레드가 1.3000/1.3008

(1EUR 매도시 USD 1.3000, 1EUR 매수시 USD 1.3008)

▶ 표 5-4 FX마진 거래 통화와 거래비중

국가	통화표시	점유율	국가	통화표시	점유율
미국	USD($)	86.3%	스위스	CHF(Fr)	6.8%
EU	EUR(€)	37.0%	호주	AUD($)	6.7%
일본	JPY(¥)	17.0%	캐나다	CAD($)	4.2%
영국	GBP(£)	15.0%	뉴질랜드	NZD($)	1.9%

자료: 증권거래소

▶ 표 5-5 FX마진 거래의 이종통화 구성

AUD	AUD/JPY	AUD/NZD	AUD/USD			
CAD	CAD/JPY					
CHF	CHF/JPY					
EUR	EUR/AUD	EUR/CHF	EUR/GBP	EUR/JPY	EUR/NZD	EUR/USD
GBP	GBP/AUD	GBP/CHF	GBP/JPY	GBP/USD		
NZD	NZD/JPY	NZD/USD				
USD	USD/CAD	USD/CHF	USD/JPY			

FX마진 거래에서 포지션을 청산하지 않고 롤오버 할 경우, 금리차에 따라 이자가 발생한다. FX마진은 통화쌍에 투자하는 것이기 때문에 두 통화는 모두 이자를 갖고 있다. 이자율은 기준금리를 기준으로 한다.

만약 EUR 이자율이 2%이고 USD 이자율이 0.5%일 때, 1EUR를 매수했다면 2%의 금리를 수취하는 반면, USD 0.5% 이자를 부담한다. 따라서 EUR과 USD의 금리차인 1.5%의 이자를 수취하게 된다. 반대로 1EUR를 매도했을 경우는 1.5%의 금리를 부담하게 된다.

예) EUR 금리 2.0%, USD 금리 0.5%

1 EUR/USD 매입 포지션 보유시: 1.5% 이자 수취

1 EUR/USD 매도 포지션 보유시: 1.5% 이자 부담

▶ 표 5-6 FX마진 거래 주요내용

항목	내용
상품	EUR/USD, USD/JPY, CHF/USD 등 다수의 통화쌍
레버리지	1계약 거래시 10만 달러가 필요하지만, 1/10 증거금인 1만 달러로 거래 가능. 유지 증거금 5,000달러 필요
이자 발생	통화는 금리를 갖기 때문에 2개국의 금리차만큼 이자 발생
양방향 거래	EUR/USD의 경우 기준통화인 EUR 매수·매도 가능
세금	250만 원까지는 양도소득세 면제, 그 이상 분에 대해서는 5.5% 양도세 부과
기타	24시간 거래, 만기가 없는 상품

또한 FX마진 거래는 높은 레버리지상품이다. 기준통화 계약 크기의 1/10 증거금(1계약당 10,000달러)으로 거래가 가능하며, 주말을 제외한 24시간 거래되는 시장이다.

FX마진 거래는 높은 레버리지로 위험성이 큰 상품이다

FX마진은 환율의 움직임에 투자하는 상품이다. 현재 환율을 기준으로 상승할지 하락할지를 결정해서 매수 또는 매도로 진입하는 상품이다. 거래손익은 거래종결시 기준통화 매도가격에서 기준통화 매수가격을 차감한 후 거래단위 100,000을 곱하여 거래손익이 계산된다.

예) EUR/USD 1계약을 1.3000에 매수 후 1.3010에 매도해 청산했을 경우

(거래단위는 EUR 100,000)

⇒ (1.3010-1.3000)*100,000 = 100달러 수익

예) EUR/USD 1계약을 1.3010에 매도 후 1.3000에 매수해 청산했을 경우

⇒ (1.3000-1.3010)*100,000 = 100달러 손실

파생상품의 목적은 위험을 감소시키는 헤지 기능이나 레버리지 기능, 파생상품을 합성해 새로운 금융상품을 만들어내는 기능 등에 있다. 금융기관이나 기업 등에서는 파생상품의 근본 취지인 헤지 용도로 FX마진 거래를 이용할 수 있다. 그러나 개인의 경우는 전적으로 투기적거래(speculation)이다.

FX거래에서 가장 중요한 것이 환율의 방향성 예측이다. 국내 통화인 달러-원 환율도 예측이 어려운데, 유로, 미국 달러, 일본 엔 등 타국 통화의 움직임을 예측한다는 것은 더더욱 어려운 일이다. 또한 높은 레버리지로 인해 작은 움직임에도 큰 손익이 발생한다.

EUR/USD의 경우 미국의 GDP, 고용지표, 소비자물가, FOMC 결과 등의 주요 경제지표들이 발표될 때 급등락하는 경우가 많다. FX마진 거래는 환율의 높은 변동성과 큰 레버리지로 인해 위험성이 큰 상품이라는 점을 주지해야 한다.

FX마진 거래
관련 용어

- **위탁 증거금**: FX마진의 거래단위는 기준통화의 100,000단위이며, 1계약에 필요한 위탁 증거금은 10,000달러이다(레버리지 10배). FX 마진 거래를 시작하기 위해서는 최소 미화 1만 달러가 있어야 한다는 이야기다.

- **유지 증거금**: FX마진의 유지 증거금은 해당 미결제를 유지하기 위한 최소한의 증거금으로 위탁 증거금의 50%인 계약당 5,000달러이다. 자산평가금액이 계약당 5,000달러 이하로 내려가면 모든 미결제약정은 강제 청산된다.

- **마진 콜**: 선물가격 변화로 추가 증거금 납부를 요구하는 것을 말한다. FX마진 거래의 미결제 약정을 유지하기 위해 유지 증거금 5,000달러 이하로 내려갈 경우에 해당한다. 유지 증거금이 5,000달러 이하에서 추가로 증거금을 넣지 않을 경우 강제 청산하게 된다.

- **로스컷(loss cut)**: 로스컷은 손절매를 의미한다. 보유하고 있는 미결제 약정이 매입가격보다 낮은 상태이고 앞으로 가격 상승의 희망이 보이지 않을 경우 손해를 감수하고 미결제 약정을 정리하는 것을 이야기한다. 증거금 부족시 미결제 약정의 강제청산도 로스컷의 일종이다.

- **레버리지**: 지렛대 원리로 부채를 이용한 투자를 말한다. FX마진 거래에서는 기준통화 1계약을 거래하기 위해서는 10만 달러가

필요하지만, 1/10인 1만 달러의 증거금으로 거래를 할 수 있다. 10배의 레버리지로 환율의 높은 변동성을 감안시 그만큼 위험성도 크다.

- **호가구조**: 호가는 스프레드(매도호가와 매수호가의 차이)의 간격을 두고 매도호가와 매수호가를 제시한다. 'EUR/USD = 1.3000/1.3008'일 경우 1계약의 기준통화인 EUR을 1.3000에 매도할 때 받을 수 있는 호가통화의 금액(매도호가)이고, 1.3008은 1계약의 EUR을 매수할 때 지불해야 하는 호가통화의 금액(매수호가)이다. 1호가는 0.0001이고 1pip(price interest point)이라 한다. 1pip당 손익은 '0.0001×100000=10달러'이다. 1호가가 움직일 때 10달러의 손익이 발생한다.

- **롤오버 이자**: 롤오버 이자는 이종통화를 구성하는 각 통화의 기준 금리의 차이에 의해서 발생한다. 해당 포지션 거래 체결 당일 청산하지 않고 롤오버하게 될 경우, 높은 금리 통화 매수시에는 이자를 지급받지만, 낮은 금리 통화 매수시에는 이자를 지급해야 한다.

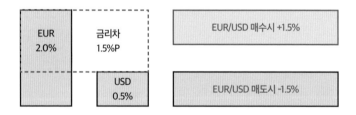

예) EUR/USD 1계약을 1.3008에 매수 후 1일 롤오버시 발생 이자액

1(계약수) × 1.3008 × 100,000EUR(거래단위) × 1.5%(금리차) ×

1(롤오버일수)/360(연 영업일수) = +5.42달러

해외주식투자시 환율 변동 위험을
충분히 고려해야 한다

해외주식투자에서 수익을 얻더라도 환차손이 크게 발생할 경우 손실을 볼 수도 있다. 글로벌 경제 및 금융시장 불안감이 커질 경우 환율 변동성도 커진다. 해외증권투자시 환율 움직임을 충분히 고려해서 투자에 나서야 한다.

해외증권투자시 수익은
투자수익과 환차익을 통해 발생된다

지난 몇 년 전부터 해외주식투자가 열풍이다. 해외주식, 채권, 상품 등의 투자에 있어 투자수익 외에 가장 먼저 고려해야 할 사항이 환율 변동 위험이다. 만약 미국 증권투자에서 투자수익을 얻더라도, 달러화 가치가 하락할 경우 환차손이 발생할 수 있다. 환차손이 크게 발생할 경우 해외증권투자에서 손실이 발생할 수도 있다.

만약 2016년 12월 말에 미국 주식인 Apple에 투자를 했다면 2020

▶ 표 5-7 미국 Apple 주식에 투자했을 경우 누적수익률과 환율을 감안한 수익률

	달러-원 환율	Apple 주가	Apple 연간 수익률	달러-원 환율 변동률	Apple 누적수익률	환율을 감안한 Apple수익률
2016년	1,207.70	29.18	-	-	-	-
2017년	1,070.50	42.77	46.6	-11.4	46.6	35.2
2018년	1,115.70	39.05	-8.7	4.2	37.9	42.1
2019년	1,156.40	72.88	86.6	3.6	124.5	128.1
2020년	1086.30	132.69	82.1	-6.1	206.6	200.5

주: Apple 주가와 환율은 연말 기준, 누적수익률은 2016년 말부터 2020년 말

년 말 현재 환율을 감안하지 않은 누적수익률은 206.6%이지만 환율 변동을 감안한 수익률은 200.5%이다. 달러 약세로 인해 6.1%의 환차손이 발생했다. Apple 주가 수익률에 비해 환차손이 크지는 않다. 달러-원 환율이 하락할 경우 환차손이 발생하고, 환율이 상승할 경우 환차익이 발생한다. 2017년 한해 동안 달러-원 환율이 11.4% 하락해 상당히 큰 폭의 환차손이 발생한 반면 2018년과 2019년에는 각각 4.2%, 3.6%의 환차익이 발생했다.

인사이드펀드는 2008년 중국투자에서 투자손실을 경험했다

해외투자에서 큰 손실을 본 사례들을 살펴보면, 2007년 당시 해외 펀드열풍이 크게 불었고, 이 당시 미래에셋에서는 브라질, 러시아, 중

국 등 브릭스에 집중 투자하는 인사이드펀드를 만들어 판매했다. 해외펀드열풍을 타고 인사이드펀드에는 단기에 5조 원이라는 기록적인 자금이 몰렸다. 미래에셋은 이 자금을 중국에 집중 투자했고, 이당시 중국 상해지수는 6000선 전후였다. 한편 2008년 미국의 서브프라임이 촉발한 글로벌 금융위기가 본격화되면서 전세계증시가 폭락했고, 중국 상해지수는 2007년 10월 6124.04p에서 2008년 10월 1664.93p로 72.8% 하락했다. 중국에 집중 투자한 인사이드펀드는 큰 폭의 손실을 기록했다.

반면 글로벌 금융위기로 인해 달러-원 환율은 2008년 12월 30일 1,259.50원으로 상승해 2007년 10월 1일에 비해 37.9%나 상승했다. 당시 인사이드펀드는 투자손실을 크게 보았지만, 지표상으로는 환차익이 크게 발생했다. 당시는 환차익에 대해서도 세금을 부과하던 시기라서 원금은 손실인데 세금을 추가적으로 내야 하는 상황이 벌어지기도 했다.

환율은 세계경제와 금융시장이 안정적일 때는 큰 변동성을 보이지 않지만, 1997년 IMF 외환위기, 2008년 글로벌 금융위기와 같이 국내외 경제 및 금융시장에 위기가 발생하면 환율 변동성은 크게 확대된다. 특히 우리의 환율시스템은 자유시장변동환율제도로 환율 결정을 완전히 시장에 맡긴다. 자유시장변동환율제도는 환율 결정의 효율성을 높이고 시장상황을 잘 반영한다는 긍정적인 측면이 있지만, 급격한 환율 변동성이 유발된다는 단점이 있다. 해외증권투자시 환율 움직임을 충분히 고려해서 투자에 나서야 한다.

외환투자의 또 다른 수단으로
ETF가 있다

미국 달러화 선물을 기초자산으로 하는 ETF는 KODEX 미국달러선물, KOSEF 미국달러선물 등이 있다. 미국 달러화 선물지수 상승과 하락 방향에 따라 선물ETF와 인버스ETF 모두 상품이 만들어져 있다.

미국 달러화 선물 ETF란
무엇인가?

외환의 투자수단으로 ETF가 있다. ETF(Exchange Traded Fund)는 인덱스펀드를 거래소에 상장시켜 투자자들이 주식처럼 편리하게 거래할 수 있도록 만든 상품이다. 투자자들은 개별 주식을 고르는 수고를 하지 않아도 되는 펀드투자의 장점과 언제든지 시장에서 원하는 가격에 매매할 수 있는 주식투자의 장점을 모두 가지고 있는 상품으로, 인덱스펀드와 주식을 합쳐놓은 상품이다.

▶ 표 5-8 미국 달러화 선물 ETF

종목명	기초지수 명	최초 상장일	운용사	가격(원)	일 평균 거래량
KODEX 미국달러선물		2016.12.27	삼성자산운용	10,190	147,060
KODEX 미국달러선물 레버리지		2016.12.27	삼성자산운용	9,580	118,326
KODEX 미국달러선물 인버스		2016.12.27	삼성자산운용	9,940	7,912
KODEX 미국달러선물 인버스2×		2016.12.27	삼성자산운용	9,365	15,656
KOSEF 미국달러선물	미국 달러선물	2011.02.24	키움투자자산운용	12,100	13,340
KOSEF 미국달러선물 레버리지		2015.08.10	키움투자자산운용	9,110	12,210
KOSEF 미국달러선물 인버스		2011.04.01	키움투자자산운용	10,370	717
KOSEF 미국달러선물 인버스2×		2015.11.16	키움투자자산운용	8,250	4,328
TIGER 미국달러선물 레버리지		2016.12.27	미래에셋자산운용	9,665	2,768
TIGER 미국달러선물 인버스2×		2016.12.27	미래에셋자산운용	9,320	6,437

주: 가격은 2021년 7월 23일 기준, 거래량은 2021년 1월 4일~7월 23일 기간 일평균

미국 달러화 선물을 기초자산으로 하는 ETF는 KODEX 미국달러선물, KOSEF 미국달러선물 등이 있다. 이들 ETF는 달러-원 환율의 방향성에 대한 투자로 주식처럼 가격이 상승하면 수익을 얻는 구조다. 미국 달러화 선물지수 상승과 하락 방향에 따라 선물ETF와 인버스ETF 모두 상품이 만들어져 있다. 또한 달러화 선물 변동폭의 2배를 추종하는 ETF도 있다.

달러화 선물 ETF는 주식계좌로 매매할 수 있고, 적은 금액으로 투자할 수 있다는 장점을 가지고 있다. 달러화 선물 ETF는 증권계좌만 있으면 거래할 수 있고, 매매시스템에 있어서는 일종의 주식으로 볼 수 있기 때문에 1주 단위 거래도 가능하다. 또한 국내 주식시장이 열리는 시간 동안 언제든지 매매가 가능하다. 외화예금이나 FX마진 거래처럼 달러화로 환전을 해야 하는 번거로움도 없다.

미국 달러화선물 ETF상품에 투자시 환율의 방향성이 가장 중요하다

미국 달러선물 ETF상품에 투자할 경우 주의해야 할 점은 거래가 활발한 종목에 투자해야 한다는 것이다. 이는 거래량이 작을 경우 매매에 어려움이 있기 때문이다.

2020년 달러화 약세와 더불어 미국 달러선물 ETF가격은 2020년 3월을 고점으로 하락 추세에 있는 반면 달러선물인버스는 상승추세에 있었다. 2021년 1월부터 달러화가 강세로 전환함에 따라 달러선물 ETF가격이 상승세를 나타내고 있다.

앞서 외환투자의 모든 상품들에 있어서 가장 중요한 것은 환율의 방향성이라고 했다. 미국 달러선물 관련 ETF도 방향성에 의해 수익과 손실이 결정된다. 따라서 모든 외환투자에 있어서 정확한 환율 방향에 대한 전망이 중요하다.

▶ **그림 5-4** Kodex 미국달러선물 ETF 주가

자료: 교보증권

▶ **그림 5-5** Kodex 미국달러선물 인버스 ETF 주가

자료: 교보증권

무역이란 세계 각국이 비교우위에 있는 제품을 생산해 교역함으로써 국가후
생(welfare)을 높이는 것이다. 따라서 내 이웃이 가난해지면 나도 가난해진다.
내 이웃이 가난해지면 내가 생산한 제품을 소비해줄 소비자가 없어지기 때문
이다. 6장에서는 미국 달러화가 브레튼우즈체제 이후 세계 유일의 기축통화
로 자리잡은 과정, 우리나라가 겪은 IMF, 미-중 무역전쟁 등에 대해서 다루
었다.

6장

세상에서
가장 재미있는
환율 이야기

내 이웃이 가난해지면 나도 가난해진다 _ 근린궁핍화정책

근린궁핍화는 일국이 관세·비관세 장벽을 통해 무역수지 흑자를 지속적으로 유지할 경우 내 이웃이 가난해지고, 결국 내가 생산한 제품을 소비해줄 시장이 사라져 나도 가난해진다는 이론이다.

관세·비관세 장벽을 통한 수출 증가효과는 오래가기 어렵다

국제금융용어에는 근린궁핍화정책(beggar my neighbor)이라는 말이 있다. 이는 상대국의 희생을 통해 자국의 경제부흥을 꾀하는 정책을 의미한다. 1930년대 세계경제가 대공황에 빠져 있던 시기에 무역장벽을 통해 자국의 수출을 증가시키는 반면 수입을 줄이려는 노력에서 비롯된 용어이다.

근린궁핍화정책의 대표적인 수단이 자국의 통화가치를 떨어뜨리는 평가절하다. 또한 수출보조금 지급, 관세율 인상, 비관세장벽 강화 등도 자국의 수출을 증가시키기 위한 수단이다. 1930년대 대공황 시기에 주요국들은 앞다투어 평가절하를 통한 자국의 수출을 늘리기 위해 노력했다. 그러나 이러한 조치들이 지속적으로 자국의 수출을 증가시키지는 못했다.

세계에는 A, B 두 국가가 존재하고 있다고 가정을 해보자. A국이 평가절하, 수출보조금 지급 등의 조치를 취할 경우 A국가의 수출이 증가하는 반면 수입은 억제된다. 이로 인해 A국가에서는 생산과 고용이 증가해 경제가 활기를 띨 수 있다. B국이 보복성 대응 조치를 취하지 않는다면 A국은 장기간 수출 증대효과를 기대할 수 있을 것이다.

그러나 B국 입장에서는 자국의 부가 A국으로 이전됨에 따라 생산과 고용이 둔화되고, 경제성장률도 하락해 경기 부진이 나타날 수 있다. 이처럼 B국은 A국의 인위적인 수출 증가 조치로 경제적 피해를 입게 된다. B국에서도 일방적인 경제적 피해를 막기 위해 평가절하와 같은 조치를 취할 수밖에 없다. 이러한 B국의 대응조치로 인해 A국의 수출 증가효과가 오래가기는 어렵다.

그동안 중국은 미국으로부터 대규모 무역수지 흑자를 얻었고, 특히 환율 조작, 보조금지원, 지적재산권침해 등 불공정행위도 서슴지 않았다. 하지만 2017년 중반부터 미국은 중국의 무역 불균형 시정을 요구하며 미-중 무역전쟁을 시작했다. 일국의 일방적 무역수지 흑자는 상대국의 저항에 부딪칠 수밖에 없다. 중국이 일방적으로 무역수지 흑자상황을 유지하기는 어렵다.

국제무역은 국민후생을 증진시키는 데 목적이 있다

국가들 간에 경쟁적인 평가절하, 무역장벽 강화는 결국 세계 교역량을 감소시키고, 글로벌 경제성장을 약화시킨다. 이로 인해 2차 세계대전 이후 무역전쟁을 막고, 세계무역질서를 유지하기 위해 IMF와 GATT 등의 국제협력을 위한 기구들이 출범하게 되었다.

B국의 대응조치가 없다고 하더라도 A, B국의 무역 불균형이 지속될 경우, 장기간 A국의 수출이 증가하기 어렵다. 장기간 무역 불균형으로 B국의 소득이 감소할 경우 A국 입장에서는 자국 생산제품을 소비해 줄 시장을 잃게 된다. 내가 생산한 제품을 소비해줄 이웃이 가난해지면 나도 가난해진다는 이야기다. 현재 세계경제에서 남북문제가 이를 잘 반영하고 있다. 북반구에는 제조업이 활성화되어 있고, 세계의 부유국들이 모여 있는 반면 아프리카 등 남반구에는 빈국들이 모여있다. 낮은 소득수준으로 남반구의 빈국들이 북반구에서 생산한 제품들을 소비할 수 있는 여력이 없다.

국제무역은 타국의 희생을 통해 자국의 경제를 성장시키는 개념이 아니다. 국제무역은 노동과 자본, 자원을 투입해 제품을 생산하는데 있어서 어느 나라가 더 비교우위*

비교우위: 한 국가에서 모든 상품을 생산하기보다는 다른 국가에 비해 상대적으로 유리한 상품을 생산해 교역함으로써 서로 이득을 볼 수 있다는 이론이다. 각 국가의 산업 분업이나 국제 무역은 바로 비교 우위의 원리에 의한 것임

국가후생: 국가 후생은 GNP·GDP 등을 의미하고, 각 국가는 비교우위에 있는 제품을 생산해 교역함으로써 GDP·GNP를 향상시킬 수 있음

▶ 표 6-1 비교우위의 개념

	A국	B국	총	A국은 옷만 생산	B국은 감자만 생산
노동 1단위 투입	옷 4벌	옷 2벌	옷 6벌	옷 8벌	
노동 1단위 투입	감자 6개	감자 8개	감자 14개		감자 16개

에 있느냐는 문제이다. 국가마다 비교우위의 제품을 생산해 교역함으로써 국가후생*(welfare)을 높이는 데 목적이 있다.

만약 A국이 노동 1단위씩 투입해 옷 4벌과 감자 6개를 생산할 수 있고, B국은 노동 1단위씩 투입해 옷 2벌과 감자 8개를 생산할 수 있다고 하자. A국은 옷 생산에 B국은 감자 생산에 비교우위를 가지고 있다. 이제 A국은 감자를 생산하던 노동 1단위를 옷 생산에 투입할 경우 옷 8벌을 만들 수 있고, B국가는 감자만 생산할 경우 16개를 생산할 수 있다. A, B국이 옷과 감자를 모두 생산할 때보다 옷은 2벌 더, 감자는 2개 더 생산하게 된다.

브레튼우즈체제 출범으로 달러화가
세계 유일의 기축통화로 등극

금본위제는 1차 세계대전을 지나오면서 각국의 물가 상승과 세계경기 침체로 붕괴되기 시작해 1931년 영국이 금태환 정지를 선언함에 따라 완전히 붕괴됐다. 1944년 연합국 44개국 대표들이 모여 미국 달러화를 기축통화로 하는 브레튼우즈체제를 출범시켰다.

자본주의 초기에는 대부분의 국가들이
금본위제를 채택했다

자본주의 초기에 대부분의 국가들이 금본위제를 채택했었다. 금본위제란 모든 통화의 기준을 금의 고정된 가치에 두고 거래하는 것을 말하고, 외환거래에서도 마찬가지다. 환율제도도 초기에는 모두 금에 고정된 고정환율제도인 금본위제였다. 금이 고대로부터 화폐 역할을 하기는 했지만, 법적 기구로서 금본위제가 처음 시행된 것은 1819년 영국에서였다.

영국은 화폐 한 단위와 일정량의 금 사이의 교환비율을 고정시키고, 화폐를 아무런 제한 없이 금화와 교환할 수 있도록 했다. 19세기 후반부터 20세기초에 걸쳐 독일, 일본, 미국을 비롯한 여러 나라가 영국을 따라서 금본위제도를 채택했다.

금본위제하에서 중앙은행은 해당통화와 금 사이의 법정교환비율을 유지하는 것이 기본적 의무였다. 이를 위해 중앙은행은 일정량의 금을 보유했다. 대외교역으로 인해 국제수지 불균형이 발생할 경우, 실제 중앙은행 간 금의 이동으로 처리하게 된다. 당시 통화당국과 정부는 대외적인 균형을 경상수지 측면이 아니라 중앙은행이 보유하고 있는 금리저브의 유지 측면에서 이해했다.

따라서 금본위제도하에서 국제수지 흑자국에서는 금의 유입으로 물가가 상승하는 반면, 적자국에서는 금의 유출로 물가가 하락한다.

▶ 그림 6-1 금본위제하에서의 국제수지 균형 메커니즘

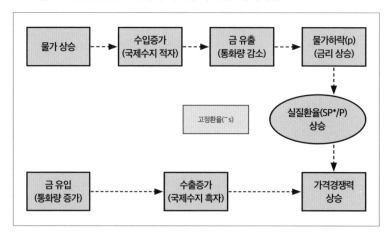

고정환율제하에서 흑자국은 물가 상승이 실질환율을 하락시키는 효
과로 생산물의 가격경쟁력이 하락하는 반면, 적자국의 생산물은 가
격경쟁력이 높아진다. 이로 인해 국제수지가 자동균형을 이룬다는
견해다[그림 6-1]. 그러나 적자국은 금의 유출로 인해 통화량이 축소
되고 금리가 상승한다. 이로 인해 경제는 더더욱 악화될 수 있다.

1차 세계대전을 지나오면서
금본위제가 붕괴되다

금본위제는 1차 세계대전을 지나오면서 각국의 물가 상승과 세계
경기 침체로 붕괴되기 시작했다. 1차 세계대전 중 각국정부는 전쟁
비용을 마련하기 위해 화폐발행을 증가시킬 필요가 있었고, 이로 인
해 금본위제를 잠정 중단했다. 많은 나라들이 막대한 전비와 전후 복
구를 위해 화폐발행을 증가시켰고, 이는 자연 인플레이션을 유발했
다. 한편 전쟁 기간 중 노동력과 노동생산성은 크게 하락했다.

1차 세계대전이 끝난 이후 독일은 하이퍼인플레이션(hyper-
inflation)에 직면했다. 1919년~1923년 기간 중 독일의 물가지수는
4,815억 배나 상승했다. 패전국인 독일은 막대한 전쟁배상금을 조세
증가가 아닌 화폐발행을 통해 조달했다. 이러한 화폐발행 증가가 독
일 하이퍼인플레이션을 유발했다. 연합국으로부터 전쟁배상의 완화·
축소를 얻어낸 이후 독일 정부가 화폐개혁을 단행하고 재정의 균형
에 힘쓰게 되면서 1923년 말에 하이퍼인플레이션이 끝나게 됐다.

1차 세계대전 이후 미국이 1919년에 금본위제로 복귀했고, 1922년에 이탈리아의 제노아에서 열린 회의에서 영국, 프랑스, 이탈리아, 일본 등 여러 나라가 금본위제로 복귀할 것을 합의했다. 또한 영국은 1925년에 전쟁 전의 금평가를 유지하는 금본위제도로 복귀했다. 영국의 금본위제로의 복귀는 국제금융 및 국제경제에 신뢰성을 주기 위한 고육책이었다.

그러나 영국에서는 인플레이션이 여전히 높았고, 이로 인해 파운드화는 고평가 상태에 있었다. 영국의 중앙은행은 긴축적 화폐정책을 쓸 수밖에 없었고, 이는 실업이 크게 증가하는 원인이 되었다. 1920년대 영국경제의 침체는 세계 금융의 중심지로서 런던의 위치를 약화시켰다.

1944년 미국 달러화를 기축통화로 하는 브레튼우즈체제가 출범하다

1차 세계대전으로 정치적으로는 유럽의 봉건왕정이 몰락했고, 경제적으로도 큰 변화가 있었다. 그러나 미국은 1차 세계대전에 관여하지 않은 대신 영국과 프랑스 등에 무기와 전쟁 물자를 공급하면서 막대한 부를 쌓았다.

1929년 대공황이 발생하자 미국은 금 반출을 전격 중단했고, 영국을 포함한 유럽 각국은 금 부족 사태를 겪으면서 수많은 은행들이 도산하게 되었다. 특히 파운드화의 금평가에 대한 신뢰를 상실하자 해외의 영국 파운드화 보유자들의 금태환 요구가 쇄도하게 되었다. 1931년에 영국은 어쩔 수 없이 금태환 정지를 선언하고 금본위제도를 포기하게 되었다. 이후 미국, 체코, 프랑스 등 주요국들도 앞다투어 금본위제에서 이탈해 평가절하를 단행했다.

영국이 금태환을 포기함에 따라 미국 달러화만이 유일한 국제결제통화로 남게 되었다. 2차 세계대전 이후 세계경제와 금융질서를 모색하기 위해 1944년 7월에 미국의 뉴햄프셔주 브레튼우즈(Bretton Woods)에 연합국 중 44개국의 대표들이 모였다. 여기서 국제통화기금(IMF)과 세계은행(World Bank)을 창설했고 미국 달러화를 기축통화로 하는 브레튼우즈체제가 출범했다. 미 달러화가 금과 일정교환비율(금 1온스당 35달러)을 유지하고, 다른 IMF 회원국들은 기축통화인 미 달러화에 대한 기준환율을 일정하게 설정·유지하도록 했다. 이로써 미국 달러화 기축통화시대가 열리게 된 것이다.

플라자합의가 미국의 경상수지 적자 문제를 해결하기엔 역부족이었다

플라자합의 이후 달러-엔 환율은 250엔대에서 120엔대로 하락했고, 이로 인해 일본경제의 '잃어버린 20년'이 시작됐다. 플라자합의 이후 미국의 무역수지는 일시적으로 개선되는 듯했지만, 구조적으로 해결하지는 못했다.

미국 달러화의 가치절하를 유도하기 위한 플라자협정을 발표하다

1985년 9월 22일 미국, 독일, 일본, 프랑스, 영국 등 선진 5개국 (Group of Five, G-5)의 경제관료들이 미국 뉴욕시 소재 플라자 호텔에서 회의를 열고 플라자협정을 발표했다. 이 협정의 골자는 미국 달러화의 가치절하를 유도하기 위해서 선진 5개국의 중앙은행들이 외환시장에 공동으로 개입하는 것이다.

당시 미국경제는 1982년 11월을 경기 저점으로 한 회복국면에 있었고, 연방준비은행은 경기 회복을 촉진하기 위해 금리 인하에 나서려고 하고 있었다. 한편 당시에도 미국의 경상수지와 재정수지 적자는 지속됐다. 미국의 무역수지 적자는 1984년 1,046.6억 달러에 이어 1985년 1~8월까지 801.8억 달러를 기록했으며, 재정수지 적자는 1985년에 2,000억 달러를 상회할 것으로 추정되었다.

미국의 경상·재정수지의 쌍둥이 적자가 지속되고 있는 가운데 1985년 상반기에 달러-엔 환율은 250엔대로 달러화가 상당히 고평가 상태에 있었다. 이러한 상황에서 미국 정부와 연준이 재정확대나 기준금리를 인하할 경우 소비증가로 경상수지 적자는 더욱 확대될 수밖에 없었다. 이를 우려해 미국에서는 보호무역주의가 대두되었고, 이를 해결하기 위해 선진 5개국 재무장관회의가 열렸다.

플라자회의의 골자는 미국의 경상수지 적자문제를 해결하는 데 있었다. 이를 위해 G-5 중앙은행들이 외환시장에 공동으로 개입해

▶ 그림 6-2 달러-엔 환율

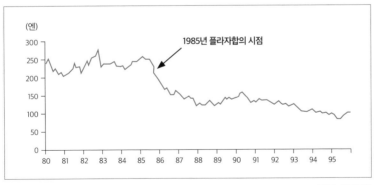

자료: 한국은행

달러화 가치절하를 유도하기로 했다. 이에 따라 달러화는 즉각적으로 약세를 나타냈고, 엔화와 마르크화는 달러화에 대해서 단기적으로 7~8% 하락했다. 특히 달러-엔 환율은 1987년 말에 121.25엔을 기록해 2년 3개월 만에 44% 하락했다.

플라자합의 이후 단기적으로 미국의 경상수지 적자는 오히려 확대됐다

미국의 달러화 절하를 일본, 독일 등 선진 4개국이 용인할 수 있었던 것은 이들 국가가 미국으로부터 큰 폭의 무역수지 흑자를 얻고 있는 데다 경기상황도 상당히 좋았기 때문이다. 즉 일본경제와 독일경제가 호황국면에 있어 엔화와 마르크화 강세를 받아들일 여력이 충분했다.

그러나 플라자합의, 즉 달러화의 급속한 약세에도 불구하고 미국의 경상수지 적자 문제는 구조적으로는 해결되지 못했다. 오히려 단기적으로는 미국의 무역수지, 경상수지 적자가 확대되는 모습이었다. 미국의 경상수지는 1990년에 들어서면서 뚜렷한 개선세를 나타냈다[그림 6-3].

환율 관련해서 J-커브이론이 있다. 이는 평가절하시 단기적으로는 국제수지가 악화된 이후 개선된다는 이론이다. 수출입 기업들이 평가절하를 선반영하기 때문이다. 달러화 약세가 예상될 때, 수입업체들은 향후 수입품가격이 상승할 것을 예상해 가능하면 앞당겨 수입

▶ 그림 6-3 미국 경상수지

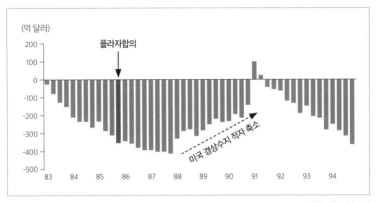

자료: 미국 상무부

을 하려고 한다. 반면 수출에서는 평가절하효과가 점진적으로 나타난다.

J-커브이론으로 1985년부터 1991년까지 미국의 무역수지, 경상수지 흐름을 설명할 수 있다. 그러나 미국 달러화 절하만으로 경상수지 적자 문제를 해결하기는 어렵다. 미국의 무역수지, 경상수지 적자가 1991년을 기점으로 다시 증가하기 시작했다는 점이 이를 잘 설명하고 있다.

미국경제에서 소비비중은 70%가 넘는다. 미국경제는 개인소비지출에 의해 좌우된다. 경상수지 적자 문제는 소비 때문이다. 미국경제에서 경상수지 적자와 소비는 상충된 문제라서 구조적으로 해결되기 어렵다. 즉 경상수지 적자를 줄이려면 미국의 소비가 축소되어야 하는데, 이는 경기문제를 야기하기 때문이다.

미국이 경상수지 문제를 해결하기 위해서는 제조업이 다시 부흥해 수입대체효과*가 크게 나타나야 하는데, 당시 미국은 금융정책과 재정정책만으로 경기문제를 해결하려고 노력했다. 이로 인해 미국의 경상수지 적자 문제가 구조적으로 해결되지 못했다고 할 수 있다.

수입대체효과: 수입에 의존하던 재화와 서비스를 국내에서 생산해 공급하는 것을 이야기한다. 한 나라가 평가절하를 시행할 경우 수입품 가격이 상승하고, 이로 인해 국내 재화와 서비스의 가격경쟁력이 높아지기 때문이다. 수입에 의존하던 재화와 서비스를 국내에서 생산함으로써 경상수지 개선과 고용증가 등으로 국내경제 활성화에 기여한다. 그러나 인위적인 평가절하를 하면 환율 조작국으로 지정될 수 있음

플라자합의가 독일경제와 일본경제에 미치는 영향이 달랐다

한편 1985년 플라자합의 이후 엔화와 마르크화의 강세가 일본과 독일경제에 미친 악영향은 그 정도가 달랐다. 내수부문이 지탱해주었고 대미수출도 크게 감소하지 않았던 독일경제는 플라자합의의 악영향이 심각하지는 않은 반면, 수출 위주의 일본경제는 심각한 타격을 받았다. 그렇지만 플라자합의가 일본경제의 잃어버린 20년을 촉발했다고 보기는 어렵다.

플라자합의 이후 일본은 수출부진을 만회하기 위해 금리 인하로 대응했고, 금리 인하로 시중유동성이 주택시장과 주식시장으로 몰려가게 되었다. 이로 인해 일본의 주택과 주식시장의 버블이 형성됐고, 이를 우려해 1989년부터 일본은행은 금리를 인상하기 시작했다. 일본의 주택과 주식시장의 버블이 붕괴하면서 일본경제의 잃어버린 20년이 시작되었다고 할 수 있다.

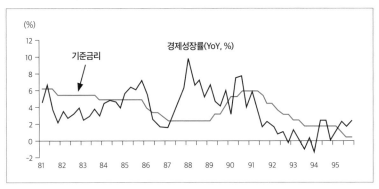

자료: 일본 내각부, 일본은행

플라자합의가 일본경제의 잃어버린 20년의 단초가 되기는 했지만, 직접적인 원인으로 보기는 어렵다. 일본경제의 잃어버린 20년은 일본정부의 정책실패에서 비롯되었다는 생각이다.

한국 IMF 외환위기의
빛과 그림자

1997년 이후 국내 기업 및 금융기관의 혹독한 구조조정에 힘입어 세계시장에서 한국기업들의 경쟁력이 높아졌고, 경제규모도 괄목할 만한 성장을 이룩했다. 그러나 IMF가 구제금융의 대가로 요구한 고금리정책, 기업 및 금융기관 구조조정 등이 합당했는가에 대해서는 아직도 논란이 많다.

외환위기의 직접적인 원인은
외환보유액의 급속한 감소 때문이다

　IMF 외환위기라는 이야기는 국제통화기금(IMF)으로부터 구제금융을 받는 것을 말한다. 우리나라는 1997년 11월 21일 IMF에 구제금융을 신청했고, 1999년 5월 20일까지 총 10차례에 걸쳐 195억 달러를 차입했다. 이후 외환보유액이 크게 증가하면서 당초 상환기일인 2004년 5월보다 빠른 2001년 8월 23일에 차입금 전액을 상환함으로써 IMF체제를 조기 졸업하게 되었다.

IMF 외환위기는 외환보유고가 바닥났기 때문이다. 우리나라의 외환보유고는 IMF에 구제금융을 신청하던 1997년 11월에 244억 달러, 12월에는 204.1억 달러까지 감소했다. 1997년 7월에 외환보유고가 336.7억 달러였던 것에 비춰볼 때 단기에 100억 달러 이상 감소했다. 또한 당시 보유한 외환도 은행 등에 예치한 결과 즉시 현금화할 수 없었다. 각국의 중앙은행은 갑작스러운 대외결제 증가에 대비해 외환보유액을 즉시 현금화할 수 있는 자산으로 보유하는 것이 일반적이지만, 한국은행은 그렇지가 못했다.

IMF 외환위기의 직접적인 원인이 된 외환보유고 감소는 1990년대 들어 만성적인 무역수지 적자로 인해 경상수지 적자가 지속됐기 때문으로, 특히 1996년 한 해 동안 경상수지 적자는 231.2억 달러에 이르렀다. 이러한 가운데 정부가 원화의 고평가를 방어하기 위해 시중에 달러화 유동성을 무분별하게 방출한 것도 한 요인이었다.

김영삼 정부는 1995년 국민소득 1만 달러를 달성했고, 1996년에 이른바 선진국 모임이라 할 수 있는 OECD 가입에 성공했다. 이를 정권차원의 치적으로 여기고 있던 김영삼 정부는 국민소득 1만 달러를 유지하기 위해 수시로 시중에 달러화를 풀어 원화가치를 방어했었다.

이러한 가운데 미국 연방준비은행이 1994년 2월부터 기준금리를 인상하기 시작했다. 미국의 금리 인상으로 해외여건도 국내 외국인 투자자금의 이탈 가능성을 높이고 있는 상황이었다. 이러한 국내외 여건으로 인해 1997년 11월부터 채권, 주식 등에 투자되어 있던 외국인 자금이 대규모로 이탈하기 시작했다.

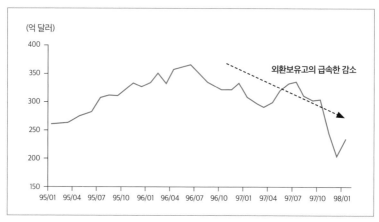

▶ 그림 6-5 한국 외환보유고 추이

```
(억 달러)
400

350

300

250

200

150
   95/01  95/04  95/07  95/10  96/01  96/04  96/07  96/10  97/01  97/04  97/07  97/10  98/01
```

외환보유고의 급속한 감소

자료: 한국은행

필자는 1997년 당시 한국금융연구원에서 연구원으로 재직하던 때라 당시 금융회사들이 외화자금난이 얼마나 심각했는지 생생하게 기억하고 있다. 특히 종금사의 외화자금난이 심각했었다. 1997년 11월 들어서는 종금사들이 외화자금차용을 위해 국제금융시장을 동분서주하며 하루하루를 버티던 급박한 상황이었다.

이에 금융당국은 1997년 12월에 두 차례에 걸쳐 종금사 14곳에 대해 영업정지를 내린 이후 1998년 1월까지 10곳을 폐쇄했다. 이후에도 종금사 구조조정은 지속되어 현재 전업종금사는 우리종금 하나만 남아있으며, 종합투자금융회사로 전환한 메리츠종금증권이 있다.

종금사의 위기는 1996년 투자금융회사(단자사)의 종금사 전환에서부터 시작되었다. 당시 투금사들은 콜 중개가 주 업무였다. 정부는 한국자금중개사를 설립해 투금사의 콜 중개업무를 자금중개사에 이관하는 한편 투금사의 종금사 전환을 허용했다. 기존에 15개 종금사가 있는 가운데 투금사 15개가 새롭게 종금업에 진출함에 따라 종금업시장이 과열될 수밖에 없었다.

이에 정부는 종금사들에게 해외투자업무를 허용하게 되었다. 해외투자 경험이 없는 종금사들은 해외에서 단기차입을 통해 태국 국채 등 장기상품에 투자했고, 이러한 만기불일치(미스매칭)가 종금사 위기를 불렀다.

종금사 위기는 우리나라의 IMF 외환위기 발생의 직접적인 한 요인이었다. 이외에 기업의 무분별한 차입경영, 금융기관 부실 등 우리나라의 IMF 발생 원인에 대한 선행 연구들이 충분히 있는 만큼 이를 참조하기 바란다.

IMF 외환위기는 우리 사회 전반의 변화를 불러왔다

IMF 외환위기는 우리 사회 전반에 큰 변화를 가져왔다. 그 중에서 외환과 자본시장의 제도적 변화가 빠르게 진행되었다. 외환시장과 자본시장의 변화가 빠르게 진행된 것은 국내 달러화 유동성이 바닥난 상황에서 외국인 투자자금 유입이 절실했기 때문이다.

시장평균환율제도: 전날 외국환취급 은행들이 국내외환시장에서 거래한 원화와 달러화의 환율을 거래량으로 가중평균하여 결정하는 제도이다. 우리나라는 1990년 3월에 복수바스켓제도에서 시장평균환율제도로 전환했고, 당시 일일변동폭은 ±0.4%였으나 1997년 11월에 ±10%로 확대됐다. 이후 완전 자유시장 변동환율제도로 변경됨

▶ 그림 6-6 우리나라의 환율제도 변천사

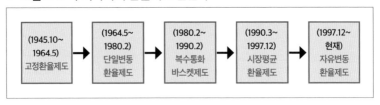

우리는 1990년 3월에 복수바스켓제도를 폐지하고, 시장평균환율
제도를 도입했었다. 시장평균환율제도*는 전날 외국환 취급은행들이
국내환시장에서 거래한 원화와 달러화의 환율을 거래량으로 가중평
균해 결정된다. 도입 당시 기준환율에서 일일변동폭이 ±0.4%였다.
시장평균환율제도는 외환시장에서 외환의 수요와 공급에 따라 환율
이 결정되도록 했다는 점에 의의가 있다.

시장평균환율제도에서 변동폭은 1994년 11월에 ±1.5%, 1995년
12월에 ±2.25%로 확대되었고, 1997년 11월 20일 외환위기를 맞아
±10%까지 확대했다. 일일 환율변동폭이 10%까지 확대되면서 환율
변동폭 제한을 두는 것이 크게 의미가 없어진 데다 IMF도 환율 변동
폭 제한 폐지를 권고해왔다. 또한 선진국들이 자유변동환율제도를
채택하고 있다는 점에서 1997년 12월 16일 환율의 일일변동폭 제한
을 폐지했다. 이로써 국내 외환시장에서 환율의 움직임은 완전히 시
장에서 결정되게 되었다.

달러-원 환율이 외환의 수급에 따라 시장에서 결정된다는 점에서
시장상황을 잘 반영한다는 장점이 있다. 그러나 우리나라의 외환시
장규모가 크지 않아 환율 변동성이 확대될 가능성이 높고, 외부충격

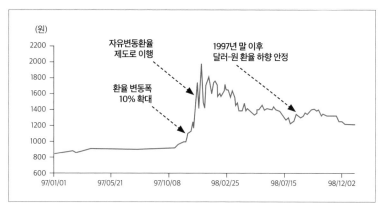

▶ **그림 6-7** 1997년 환율시스템 변화와 달러-원 환율 추이

자료: 서울환시

에도 취약하다는 단점이 있다. 환율변동폭이 커질 경우 경제에 대한 불안감도 높아질 수 있다. 자유변동환율제하에서 외부충격으로 단기적으로 환율 변동성이 커질 수 있지만, 시장이 가장 합리적이라는 점에서 환율도 그 나라의 펀더멘털을 반영할 것으로 생각된다.

1997년 외환위기 시기에 우리의 환율시스템 변화와 달러-원 환율 움직임을 보면 11월 20일에 일일 환율변동폭을 10%로 확대했지만, 환율을 안정시키지는 못했다. 일일 환율변동폭 확대에도 불구하고 달러-원 환율은 지속적으로 상승했다. 이는 IMF 위기상황이 외환시장에 모두 반영되지 못했기 때문으로 풀이된다.

또한 12월 16일 일일 환율변동폭 제한조치를 폐지한 이후 환율 변동성은 오히려 확대됐다. 자유변동환율제로 전환한 16일에 달러-원 환율은 1,643.7원이었으나 12월 24일에는 장중 2,000원선을 상회했다.

한편 달러-원 환율은 1997년 12월 24일을 고점으로 기조적인 하락세를 나타냈다. 12월 24일 이후 달러-원 환율이 하락 안정세를 나타낸 것은 IMF에서 구제금융집행 등으로 국내 달러화 유동성에 숨통이 트였기 때문이지만, 2,000원 환율 수준은 우리의 IMF 위기상황을 반영한 것으로 판단된다. [그림 6-7]

현재에도 학자들 사이에서는 우리나라에 자유변동환율제도가 맞는지에 대한 논쟁이 계속되고 있다. 자유변동환율제를 반대하는 쪽은 우리처럼 소규모 개방경제에서 변동환율제가 환율 변동성을 키워 외부적 충격에 취약해진다는 이유에서다.

한편 우리와 같은 시기에 외환위기를 겪은 인도네시아, 태국 등은 자유변동환율제에서 관리변동환율제로 복귀했다. 1997년 IMF 외환위기가 외환시장 등 국내 금융시장개방을 앞당기는 데 일조했다. 위기상황이 아니었다면 외환시스템을 자유변동환율제도로 전환하기가 어려웠을 것으로 생각한다.

IMF가 우리에게 요구한 고금리정책 등은 여전히 논란이 되고 있다

IMF는 210억 달러, 세계은행 100억 달러, 아시아개발은행(ADB) 40억 달러 등 총 550억 달러의 구제금융을 우리나라에 지원하면서 경제 전반에 혹독한 구조조정을 요구했다. 우리나라는 1997년 외환위기 이전까지 대기업의 무분별한 차입 경영과 그로 인한 금융기관의

1997년과 2019년의 주요경제지표 비교

항목	1997년	2019년	증가(배)	세계 순위 (2019년 기준)
GDP(조 원)	783.4	1849.0	1.4	10
수출(억 달러)	1361.6	5422.3	3.0	9
수입(억 달러)	1446.2	5033.4	2.5	12
경상수지(억 달러)	-81.8	599.7	-	-
외환보유고	204.1	4205.5	19.6	9

자료: 한국은행
주: 외환보유고는 2020년 9월 기준

부실화가 심각했었다.

이로 인해 1997년 1월 한보그룹을 시작으로 기아, 뉴코아, 해태, 나산, 거평, 대우 등 수많은 기업들이 부도를 맞았다. 금융기관 구조조정도 진행되어 26개 시중은행이 현재 6개로 축소됐고, 30개이던 종금사는 우리종금 하나가 남아 있는 등 종금업은 기반 자체가 사라졌다. 또한 기업 및 금융기관들의 잇따른 부도가 자본시장에 충격을 줌에 따라 여러 보험사와 증권사들도 인수합병 등을 통해 퇴출됐다.

1997년 기업 및 금융기관 구조조정에 힘입어 세계시장에서 한국기업들의 경쟁력이 높아졌고, 경제규모도 확대되었다. 2019년과 1997년 주요 거시경제 및 무역 관련 지표들을 비교해보면 모든 부문에서 괄목할 만한 성장이 이루어졌다. 특히 대외부문의 성장이 두드러졌다.

GDP규모는 2019년에 1,849.0조 원으로 1997년에 비해 1.4배 증

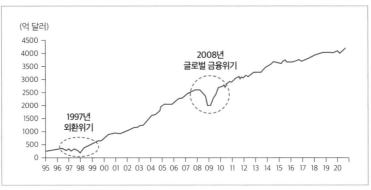

▶ 그림 6-8 한국 외환보유고 추이

(억 달러)

2008년
글로벌 금융위기

1997년
외환위기

자료: 한국은행

가했으며, 수출액과 수입액은 각각 5,422.3억 달러, 5,033.4억 달러로 1997년에 비해 각각 3.0배, 2.5배 증가했다. 1997년 이후 무역수지와 경상수지 흑자가 지속됐고, 2015년의 경우 경상수지 흑자규모가 1,051.2억 달러를 기록하기도 했다. 외환보유고는 2020년 9월 현재 4,205.5억 달러로 1997년 12월에 비해 19.6배 증가했다. 2019년 기준 GDP 규모로는 세계 10위, 교역규모 (수출+수입)로 세계 11위의 경제대국으로 성장했다.

IMF 위기상황이 기업과 금융기관들의 구조조정, 공기업 민영화 등을 가능하게 했고, 제도적으로도 자본시장 개방, 외환자율화 등 금융시장개방도 앞당기는 계기가 됐다. IMF 위기상황이 아니었다면 이런 사회 전반에 대한 개혁은 어려웠을 것이다. 그러나 IMF

> **한은 기준금리:** 한은 금융통화위원회에서 결정하는 정책금리를 말한다. 2008년 3월 한은의 기준금리는 금융기관 환매조건부채권금리(RP)에서 일일물 콜금리로 변경됐다. 한은의 금통위는 연 8회 열리며, 물가안정과 금융시장안정이라는 목표로 정책금리를 조정하고 있음

가 우리에게 요구한 고금리 정책과 가혹하리만큼 혹독한 기업 및 금융기관의 구조조정이 합당했는가에 대해서는 아직도 논란이 많다.

IMF의 고금리 정책으로 당시 한은의 기준금리*인 RP금리는 27%까지 인상됐다. 이에 따라 시중은행의 금리는 연 29.5%, 회사채 수익률은 30%를 상회했다.

1990년대까지 공격적인 투자를 통해 확장을 거듭해온 국내기업들에게 초고금리는 기업의 부채상환부담을 가중시켜 연쇄부도를 발생시켰고, 대량 실업과 경기 후퇴를 유발했다. 고금리는 자본유입을 늘린다는 명분이 있지만, 부채비율이 높던 무수한 기업들이 도산하는 결과를 가져왔다. 이로 인해 단기적으로 경제를 악화시켰다.

지금 생각해보면 과도한 부채가 문제라기보다는 성장이 문제였다. 1990년대 중반까지 국내 대기업들이 차입경영이 가능했던 것은 시장과 매출, 고용이 계속 확장되어 왔기 때문이다. 20세기까지 한국 대기업들이 성장하는 과정에 있어 부채 문제가 크게 부각되지 않았다. 그러나 1990년대 들어 차입경영이 어려워지고 있는데도 변화를 인식하지 못한 것이 문제였다.

한국이 빚 때문에 IMF 위기상황을 맞았는지에 대해서는 생각해볼 문제다. 2010년 그리스, 스페인, 이탈리아 등 유로 재정위기에 대한 IMF 처방과 우리에 대한 처방이 너무나 달랐기 때문이다. 돈이 없는 경우와 돈은 있는데 당장 상환할 외화가 부족한 경우는 다른 만큼, 여기에 대한 논란은 있다. IMF 외환위기 이후 기업들은 외형성장보다 내실경영 위주로 바뀌었다는 점은 긍정적으로 평가해야 할 부분이다.

그러나 국가적으로는 잠재성장률이 둔화되었고, 일자리가 감소했다. 기업들은 사내하청이나 아웃소싱을 확대했고, 직영과 정규직을 줄이는 반면 비정규직을 대폭적으로 늘여왔다. 이로 인해 소득양극화, 고용불안, 청년실업 등이 사회문제로 대두되었다.

미-중 무역전쟁은
여전히 진행 중에 있다

중국정부에게는 위안화 국제화를 위해 미-중 무역분쟁, 위안화 신뢰도 제고 등 해결해야 할 난제들이 산적해 있다. 이들 문제들이 해결되기 전까지 위안화의 국제화는 여전히 갈 길이 멀다.

중국의 환율시스템은
자국의 편의에 의해 자주 변경되었다

중국 인민은행은 2005년 7월에 환율시스템을 변경했다. 1997년 12월부터 달러당 8.28위안에 페그된 단일통화고정환율제를 시행했으나 2005년 7월 21일 복수통화바스켓*환율제로 전환했다. 이와 더불어 미 달러화에 대한 위안화 환율을 2% 절상하는 조치를 취함에 따라 위안화 환율은 8.28위안에서 8.11위안으로 하락했다.

복수통화바스켓환율제 초기에 달러-위안 환율 일일변동폭은

▶ 그림 6-9 달러-위안 환율 추이

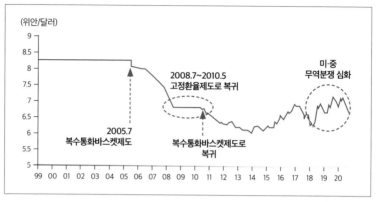

자료: 블룸버그

> **복수통화바스켓**: 자국
> 과 교역비중이 큰 나라
> 의 통화를 한데 묶고 이
> 들 통화의 가치가 변할
> 경우 각각 교역가중치에
> 따라 자국통화의 환율에
> 반영하는 제도. 중국은
> 2005년 7월에 복수통
> 화바스켓제로 전환했지
> 만 일일변동폭이 낮고,
> 바스켓에 포함된 외국통
> 화와 가중치를 발표하지
> 않아 시장에 의한 환율
> 결정에 의문이 컸음

±0.3%였으나, 2007년 5월에 일일변동폭을 ±0.5%로 확대했다. 그러나 바스켓에 편입될 외국통화의 종류와 통화별 가중치는 공표하지 않았다. 중국정부가 환율에 유연성을 부여했다는 점에서 긍정적이지만, 변동폭의 제한으로 실제 달러-위안화 환율 하락폭은 크지 않았다.

한편 2008년 미국의 서브프라임이 촉발한 글로벌 금융위기가 발생함에 따라 중국정부는 2008년 7월부터 미국의 달러화 6.83 위안에 재차 페그시키는 고정환율제로 회귀했다. 이후 글로벌 금융시장이 안정을 되찾게 되자 2010년 6월부터 복수통화바스켓으로 복귀했다. 2014년 3월까지 두 차례에 걸쳐 일일변동폭을 ±2.0%까지

▶ 표 6-3 중국 환율제도의 변화

기간	환율제도	내용	일일변동폭
1994.1~1997.12	관리변동환율제도	공식환율을 시장 환율로 단일화 (달러당 5.8위안→8.7위안)	±0.3%
1997.12~2005.7	단일 통화 고정환율제	달러당 8.28위안으로 페그	-
2005.7~2007.5	관리변동환율제	복수통화바스켓제도 (위안화 2.1% 절상)	±0.3%
2007.5		일일변동폭 확대	±0.5%
2008.7~2010.5	고정환율제	달러당 6.83위안 페그	-
2010.6	관리변동환율제도	복수통화바스켓제도로 복귀	±0.5%
2012.4		일일변동폭 확대	±1.0%
2014.3		일일변동폭 확대	±2.0%
2015.8		위안화 환율 결정 방식 시장화 (위안화 2.0% 절하)	±2.0%

자료: 중국인민은행, SK증권 재인용

확대했다. 2015년 8월 위안화 환율의 시장기능을 강화한다는 명목 하에 2% 평가절하함에 따라 달러-위안 환율은 6.11위안에서 6.41위안으로 상승했다.

달러-위안 환율은 2020년 7월 7위안을 넘어선 이후 2021년 7월 현재 6.48위안으로 하락했다. 7월까지 위안화 약세는 중국경제의 불안을 반영했다고는 하지만, 미국과의 무역분쟁 중에 중국정부의 인위적인 환율 개입 영향이 컸다. 현재 중국이 미국으로부터 막대한 무역수지 흑자를 얻고 있는 점을 고려할 때 위안화가 저평가되어 있는 것으로 보인다.

중국 위안화의 국제화는 아직 갈 길이 멀다

금태환 정지 선언: 미국의 계속되는 무역수지 적자, 1960년대 베트남 전쟁 비용 충당을 위해 막대한 달러 발행으로 미국 금 보유량에 대한 의심이 커졌고, 급기야는 프랑스 등 여러 나라에서 금태환을 요구하게 됐다. 이에 1971년 8월 닉슨 대통령은 금태환 정지를 선언하게 되었다. 미국의 경제규모와 위상, 세계경제에 미치는 영향력 등으로 달러패권은 지속되고 있다. 이로써 미국은 한도가 없는 마이너스통장을 가지게 됐고, 무한대의 예산적자를 편성할 수 있게 됨

중국정부는 위안화 위상을 높여 국제결제통화로서뿐만 아니라 최종적으로 기축통화로서의 지위를 목표로 위안화의 국제화를 추진하고 있다. 현재 국제결제통화로서는 미국 달러화와 유로화, 영국 파운드화, 일본 엔화, 스위스 프랑화가 있다. 1944년 브레튼우즈체제(Bretton Woods System)가 출범하면서 미국 달러화에 세계 유일한 기축통화 지위를 부여했다. 1971년 8월 미국 닉슨 행정부는 금태환 정지를 선언*했지만 여전히 미국

▶ 그림 6-10 주요국 GDP 규모(2019년)

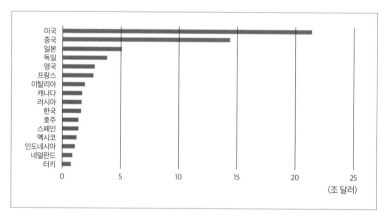

자료: 한국은행

달러화는 세계 유일의 기축통화 역할을 하고 있다.

중국 인민은행이 위안화의 국제화에 나서고 있는 것은 첫째, 중국 경제규모가 커졌기 때문이다. 중국의 국내총생산(GDP)은 2019년 14.34조 달러로 세계 2위의 경제규모이다. 중국경제는 세계 1위인 미국의 경제규모에 67% 수준까지 커졌으며 3위인 일본에 비해 1.8배나 크다.

또한 교역(수출+수입)규모로 볼 경우 2019년 기준 4조 5,668억 달러로 세계 1위이다. 이처럼 중국경제가 크게 성장한 반면 위안화는 그에 걸맞는 위상을 갖지 못하고 있다는 판단에서다.

둘째, 2021년 6월 현재 중국의 외환보유고는 3조 2,218억 달러로 세계 1위이다. 외환보유고는 달러화 외화표시자산으로 비상시 즉각적으로 가용할 수 있는 외화표시자산을 이야기한다. 일반적으로 외환보유고는 정부의 외평채 발행, 중앙은행의 통화안정증권 발행을 통해 조성한다.

대부분의 외환보유고는 중앙은행이 발권력을 동원해 매입한 달러 등 외화자산이다. 외평채로 이루어진 외환보유고는 일부에 지나지 않는다. 중앙은행 입장에서 볼 때 외환보유고는 자산인 동시에 부채이다. 외환보유고 규모가 클수록 관리비용이 많이 들어가게 된다. 중국 위안화가 확실한 국제결제통화 위치를 가질 경우 외환보유고를 대규모로 보유할 필요가 없고, 이에 따라 관리비용을 절약할 수 있다.

셋째, 미국 달러화가 기축통화로서 위상이 약화되고 있다는 점이다. 2008년 미국의 서브프라임이 촉발한 글로벌 금융위기시 미국 달러화 기축통화에 대한 회의적인 시각이 대두되었다. 또한 미국의 재정·경상수지 적자, 즉 쌍둥이 적자가 지속됨에 따라 달러화 가치가 하락하고 있다. 2008년 글로벌 금융위기를 기점으로 달러화 중심의 국제금융시스템의 문제점이 나타나고 있고, 위안화 표시상품의 거래 증가는 중국의 경제적 위상을 높일 수 있기 때문이다.

중국 위안화의 국제화는 3단계에 따라 추진하고 있다. 1단계는 무역결제통화로 통용되는 것, 2단계는 투자통화로 발전하는 것, 최종 3단계는 외환준비통화로 인정받는 것이다. 이 3단계에 걸쳐서 점차 위안화 활용 범위를 확장시켜 나갈 계획이다.

중국 위안화의 국제화 성과도 있다. 위안화의 무역결제는 2014년까지 비약적으로 확대됐다. 위안화 무역결제대금은 2009년 36억 위안에서 2014년 6조 5,500억 위안으로 2009년 대비 1,800배 이상 커졌다. 국제은행간통신협회(SWIFT)에 따르면 2014년 기준 주요국 국제결제통화비중은 미국이 44.6%, 유로화가 28.3%, 파운드화가 7.92%, 엔화가 2.69%, 위안화가 2.17%이다. 위안화가 세계 5대 결제통화로 부상했다.

특히 IMF는 2016년 10월 1일 중국 위안화를 SDR 통화바스켓에 편입했다. SDR(special drawing rights, 특별인출권)은 IMF 회원국이 외환위기를 겪을 때 담보 없이 필요한 만큼의 외화를 IMF로부터 인출할 수 있는 권리를 의미한다. 위안화 SDR편입으로 SDR편입국은 5개국으로 늘었으며, 국가별 비중은 미국 달러화가 41.73%, 유로화가 30.93%, 위안화가 10.92%, 엔화가 8.33%, 영국 파운드화가 8.09%로 중국이 세 번째로 큰 비중을 차지하게 되었다.

중국정부는 위안화의 위상 확대를 위해 통화스왑체결을 확대하고 있다. 국가 간 통화스왑은 급격한 외환변동 등 유사시 자국화폐를 맡기고, 미리 정해진 환율로 상대국 통화를 빌려올 수 있도록 한 계약이다. 외화 자금조달 사정이 급해졌을 때 중앙은행이 돈줄을 하나 더 쥐고 갈 수 있다는 점에서 외환시장의 안전판에 비유된다. 중국 인민은행은 2013년 기준 우리나라를 비롯해 유럽연합, 영국 등 26개국과 2조 7,282억 위안의 통화스왑을 체결했다.

또한 영국, 유럽연합, 볼리비아, 호주, 남아프리카공화국 등이 위안화를 외환보유고에 포함했다. 이처럼 위안화의 국제결제비중이 확대되는 등 위안화의 국제적 위상은 상당히 높아졌다.

그럼에도 중국 위안화 국제화에는 풀어야 될 난제들이 많다. 중국 경제규모 확대, 최대 외환보유국, 순채권국, 군사적 대국 등이 위안화의 국제화를 위한 강점으로 꼽히고 있다. 그러나 위안화의 국제화를 위해서는 환율 안정이 무엇보다 선행되어야 하며, 금융시장 발달과 자본시장 개방이 필수적이다.

각국 중앙은행들은 환율이 급변동할 경우 미세조정차원에서 외환시장에 개입한다. 그러나 중국 인민은행의 외환시장개입은 미세조정차원이 아니라 세계경제가 불안할 때마다 자국에 유리한 쪽으로 환율시스템을 변경해 운영해왔다. 즉 중국정부의 잦은 외환시장 개입이 문제점으로 지적되고 있다.

중국정부는 위안화의 유연성을 제공하기 위해 2005년 7월부터 복수통화바스켓제를 도입했지만, 2008년 글로벌 금융위기가 발생하자 2008년 7월에 단일통화 고정환율제로 복귀해버렸다. 이후 2010년

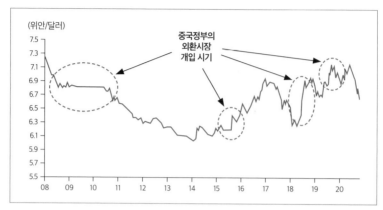

자료: 블룸버그

5월에 다시 복수바스켓제로 환원했지만, 위안화가 강세를 나타낼 때마다 평가절하나 위안화 강세를 방어하는 쪽으로 외환시장에 개입해왔다.

특히 2019년 7월에 미국이 중국제품에 대해 대규모 관세를 부과하자 중국은 위안화 절하로 대응했다. 이로 인해 달러-위안 환율이 7위안선을 상회했다. 미 재무부는 중국정부의 외환시장 개입을 이유로 2019년 8월 6일에 중국을 환율 조작국으로 지정했다. 이처럼 중국정부의 잦은 외환시장개입이 위안화 신뢰를 떨어뜨리고 있다.

이러한 중국정부의 자본통제는 위안화의 국제화에 걸림돌로 작용하고 있다. 국제은행 간 통신협회에 따르면 위안화 무역결제비중은 2015년 2.31%까지 높아진 이후 2016년 1.16%로 낮아졌다. 결제비중이 낮아진 것은 중국정부가 외화자금이 해외로 빠져나가는 것을 막기 위해 2016년 11월부터 각종 자본거래를 통제하는 조치를 강화했기 때문이다.

물론 2016년 중국경제에 대한 불안이 커지면서 자금 이탈이 심화되고 있던 시기이다. 자금 이탈 증가로 중국의 외환고도 3조 달러가 붕괴될 조짐을 보였었다.

자국통화가 국제결제통화로 인정받기 위해서는 금융시장 발달과 자본시장 개방이 필수적이다. 국제결제통화는 금융시장을 통해 거래되고, 원활한 자금조달, 외환보유고 운용을 위해 금융시장이 고도로 발달해야 한다.

특히 자본시장이 개방되지 않은 국가는 완전한 국제결제통화 지위를 갖기는 어렵다. 자본시장을 통제할 경우 국제결제통화가 국가 간에 자유롭게 이동하기 어렵고, 세계 금융시장 및 실물경제의 충격도 피할 수 없기 때문이다. 아직 중국의 금융시장 발달과 자본시장 개방도는 위안화의 국제화를 뒷받침하기 어려운 수준이다.

무엇보다 미-중 무역분쟁은 위안화의 국제화에 큰 걸림돌이 되고 있다. 미-중 무역분쟁에서 드러나고 있듯이 유럽, 캐나다, 호주 등 서방국가들이 중국에 등을 돌리고 있다. 서방국가들이 중국에서 등을 돌릴 경우 위안화가 국제결제통화로서 확대되기는 어렵다.

중국정부에게는 위안화 국제화를 위해 위안화 신뢰도 제고, 미-중 무역분쟁 등 해결해야 할 난제들이 산적해 있다. 이들 문제들이 해결되기 전까지 위안화의 국제화는 여전히 갈 길이 멀다.

미-중 무역전쟁은
중국이 패할 수밖에 없는 싸움이다

　미-중 무역전쟁의 원인은 중국이 일방적으로 이득을 취하고 있기 때문이다. 앞서 국제무역은 각국이 비교우위 제품을 생산해서 교역함으로써 국가마다 국가후생(welfare)을 증대시키는 데 목적이 있다고 했다. 국제 간 교역에서 한쪽이 일방적으로 이득을 취하는 형태가 장기간 유지될 수가 없다. 미국과 중국의 교역은 미국은 무역적자, 중국은 무역흑자 형태이다. 특히 최근 들어 미국의 대중국 적자폭이 크게 확대됐다.

　미국과 중국의 교역규모를 보면 2017년 미국의 대중국 수출은 1,300억 달러, 대중국 수입은 5,060억 달러로 미국의 대중국 적자규모는 3,752억 달러에 이르고 있다. 2000년에 미국과 중국의 교역규모(수출+수입)는 1,718.5억 달러였고, 이중 미국의 대중국 적자는 838.3억 달러였던 것과 비교했을 때 비약적으로 증가한 것을 알 수 있다. 미국의 전체 무역수지 적자에서 중국이 차지하는 비중도 2017년 현재 50%를 상회하고 있다. 현재 미국 무역수지 적자의 많은 부분이 중국으로부터 발생하고 있다. 또한 중국의 지식재산권 침해, 국영기업 보조금 지급 및 기술 강제 이전, 환율 조작 등의 불공정 행위도 미-중 무역분쟁의 원인이 되고 있다.

　미국의 대규모 무역수지 적자와 경상수지 적자는 기축통화의 특권이라 할 수 있다. 미국이 세계 기축통화국이 아니었다면 여타국들이 겪었던 것처럼 외화유동성 위기에 직면했거나, 미국 내 제조업을 활성화해 수출을 늘이는 반면 수입을 줄이는 정책에 치중했을 것이다.

그러나 미국 달러화가 기축통화라 해서 마냥 무역수지 · 경상수지 적자를 지속할 수는 없다. 미국 달러화의 발권력에 한계가 있기 때문이다. 즉 1990년대 이후 주기적으로 세계경제 위기가 발생했고, 미국의 대규모 경상수지 적자 지속으로 달러화의 위상이 흔들리고 있다. 이를 위해서는 미국의 대중국 무역적자 축소가 불가피하다.

미-중 무역전쟁에서 칼자루를 쥔 쪽은 미국이다. 미국과 중국의 무역전쟁 발발 조짐은 2017년 8월 14일 도널드 트럼프 대통령이 미국 무역대표부(USTR)에 중국의 지적재산권 침해와 기술 강제이전 요구 등 부당한 관행을 조사토록 하는 내용의 행정명령에 서명하면서 시작됐다. 그리고 2018년 3월 23일 트럼프 대통령은 연간 500억 달러 규모의 중국 수입품에 25%의 고율 관세 부과를 허용하는 행정명령에 서명했다.

25% 고율의 관세부과 품목에는 중국의 10대 핵심산업육성 프로젝트인 '중국제조 2025'에 해당되는 고성능 의료기기, 바이오신약 기술, 통신장비, 항공우주, 반도체 등이 포함됐다. 미국의 관세부과에 대응해 중국도 25%의 관세를 부과할 500억 달러 미국 수입품 106개 품목을 제시하면서 반격에 나섰다.

실제 2018년 7월 6일 미국이 340억 달러에 달하는 중국 수입품에 25%의 관세를 부과하면서 미-중 무역전쟁이 본격화됐다. 중국도 맞대응해 미국산 농산물과 자동차 등 545개 품목에 관세를 부과하는 동시에 미국을 세계무역기구(WTO)에 제소했다.

수차례에 걸친 미국의 대중국상품에 대한 관세부과와 중국의 보복관세부과, 화웨이에 대한 제재, 중국 환율 조작국 지정 등으로 진전되면서 미-중 무역전쟁은 더욱 격화되는 양상이었다. 2019년 6월 29일 일본 오사카에서 열린 G20 정상회담에서 트럼프 대통령과 시진핑 중국 국가주석이 무역협상을 재개하기로 합의하면서 미-중 무역전쟁은 휴전국면에 들어가는 듯했으나, 미국이 2019년 8월 5일 중국을 환율 조작국으로 지정하면서 다시 무역전쟁이 재개되었다.

2019년 10월 10~11일 미국에서 열린 제13차 미-중 고위급 무역협상에서 부분적 합의인 미니딜을 이끌어내면서 다시 휴전 상태에 돌입했다. 미국은 이 합의에 따라 10월 15일부터 2,500억 달러의 중국산 제품에 대해 관세율을 25%에서 30%로 인상하는 안을 보류했다. 중국은 최대 500억 달러의 미국산 농산물 구매를 약속한 것으로 알려졌다. 2018년 7월 미국이 중국에 고율 관세를 부과하며 무역분쟁이 시작된 지 약 15개월 만이다.

2021년 8월 현재까지도 아직 미국과 중국의 무역전쟁이 마무리된 것은 아니다. 다시 격화될 수밖에 없을 것이다. 이는 미-중 무역불균형이 시정되지 못했고, 중국의 지적재산권 침해, 국영기업의 보조금 지급 등의 구조적인 문제가 해결되지 않았기 때문이다. 특히 미국이 대만을 국가로 인정함에 따라 이제는 체제 경쟁으로 비화하는 양상이다.

미국은 교역 측면에서 제재수단으로 쓸 수 있는 카드가 중국에 비해 월등히 많다. 이는 미국의 대중국 수입규모가 중국의 대미 수입규모보다 훨씬 크기 때문이다. 또한 화웨이 제재에서 보듯이 현대 사회

▶ 표 6-4 미-중 무역전쟁 일지

일자	국가	내용
2017.8.14	미국	미국 무역대표부에 중국의 지적재산권 침해, 강제 기술이전 요구 등을 조사토록 하는 행정명령
2018.3.23	미국	연간 500억 달러의 중국 수입품에 25% 고율의 관세를 부과하는 행정명령에 서명
2018.4.4	중국	25%의 관세를 부과할 500억 달러 미국 수입품 106개 품목 제시
2018.7.6	미국	340억 달러의 중국 상품(818개 품목)에 25% 관세 부과
2018.7.6	중국	농산물, 자동차 등 545개 품목에 25% 관세를 부과하는 동시에 WTO에 제소
2018.7.10	미국	2,000억 달러 규모의 수입품에 10% 관세 부과
2018.8.23	미국, 중국	추가로 160억 달러 규모의 상대국에 추가 관세 부과
2018.9.24	미국	2,000억 달러 규모에 10% 관세 부과
2018.9.24	중국	미국산 육류, 화학제품 등 600억 달러 규모의 제품에 5~10% 관세 부과
2018.12.1	미국, 중국	2019년 3월 1일까지 90일 동안 추가 관세 부과 및 인상 보류
2019.1.7~9	미국, 중국	중국 베이징에서 무역전쟁 휴전 이후 첫 무역협상 진행해 별 성과 없이 종료
2019.5.9~10	미국, 중국	미국 워싱턴 DC에서 열린 무역협상 결렬
2019.5.10	미국	2,000억 달러 상당의 중국 상품(5,745개 품목)에 25% 관세 부과
2019.5.13	중국	600억 달러 상당의 미국 상품(5,140개 품목)에 최대 25%의 관세로 맞대응. 트럼프 대통령이 추가로 3,250억 달러에 달하는 나머지 중국상품(3,805개 품목)에 대해서도 25% 관세 부과 경고
2019.5.15	미국	미국 기업들이 국가안보를 위협하는 외국산 장비를 사용하지 못하게 하는 내용의 '정보통신 기술, 서비스 공급망 확보'행정 명령에 서명. 이는 화웨이, ZTE 등 중국 통신장비업체가 주 타깃
2019.5.16	미국	화웨이와 70개 계열사 등을 미 정부 허가 없이 미국 기업과 거래할 수 없는 거래 제한 기업 리스트에 등록. 구글은 화웨이 에 대한 소프트웨어와 기술 서비스 중단. 인텔, 퀄컴 등 미국 반도체 회사들도 화웨이에 대한 반도체 칩 공급 중단

2019.5.20	중국	중국이 희토류 공급 카드를 활용할 수 있음을 시사
2019.6.1	미국	미 국방부가 '인도, 태평양 전략보고서'에 대만을 국가로 명시해 체제 문제로 확산
2019.6.30	미국, 중국	오사카 G20 정상회담에서 교착상태에 빠진 무역협상을 재개하기로 합의. 미국은 3,250억 달러 상당의 대중 추가관세 부과 중단과 화웨이 제재 완화 등의 유화책 발표
2019.7	미국, 중국	중국 상하이에서 열린 미-중 무역협상 성과 없이 종료
2019.8.1	미국	9월부터 3,000억 달러 규모의 제품에 10% 관세 부과를 발표하면서 무역전쟁이 재차 시작
2019.8.5	미국	미 재무부가 중국을 환율 조작국으로 지정
2019.10.11	미국, 중국	제 13차 고위급 무역협상에서 부분적 합의인 미니딜로 다시 휴전 상태

주: 각 언론사 보도 내용 재정리

대부분의 중요 기술들은 미국에서 개발됐다. 2019년 5월 구글이 화웨이에 소프트웨어 서비스 중단을 밝힌 가운데, 인텔, 퀄컴이 반도체 수출 중단을 밝혔다.

무역전쟁은 양국 모두에게 피해를 준다. 미국이 관세를 인상할 경우 미국 소비자들은 과거에 비해 높은 가격에 제품을 소비해야 한다. 이런 점에서 미국의 소비자후생(welfare)이 희생된다. 특정 상품에 대해 소비자가 최대한 지불해도 좋다고 생각하는 가격과 실제로 지불하는 가격의 차이를 말한다. 높은 관세는 시장가격을 상승시키므로 소비자후생을 축소시키는 반면, 관세율 하락이나 수입 확대 등을 통한 제품가격 하락은 소비자후생을 증대시킨다. 또한 중국의 제조업은 대미수출길이 막힘으로써 심각한 위기에 빠질 수도 있다.

현재 미-중 무역전쟁은 체제경쟁으로까지 확대된 만큼 합의에 이르기는 어렵다. 어느 한쪽이 심각한 타격을 받아야 끝날 문제다. 미-중 무역전쟁은 결국 중국이 패배할 수밖에 없는 싸움이다. 칼자루를 쥔 쪽이 미국이기 때문이다.

■ 독자 여러분의 소중한 원고를 기다립니다 ─────────────

메이트북스는 독자 여러분의 소중한 원고를 기다리고 있습니다. 집필을 끝냈거나 집필중인 원고가 있
으신 분은 khg0109@hanmail.net으로 원고의 간단한 기획의도와 개요, 연락처 등과 함께 보내주시
면 최대한 빨리 검토한 후에 연락드리겠습니다. 머뭇거리지 마시고 언제라도 메이트북스의 문을 두드
리시면 반갑게 맞이하겠습니다.

■ 메이트북스 SNS는 보물창고입니다 ─────────────

메이트북스 유튜브 bit.ly/2qXrcUb

활발하게 업로드되는 저자의 인터뷰, 책 소개 동영상을 통해 책
에서는 접할 수 없었던 입체적인 정보들을 경험하실 수 있습니다.

메이트북스 블로그 blog.naver.com/1n1media

1분 전문가 칼럼, 화제의 책, 화제의 동영상 등 독자 여러분을 위
해 다양한 콘텐츠를 매일 올리고 있습니다.

메이트북스 네이버 포스트 post.naver.com/1n1media

도서 내용을 재구성해 만든 블로그형, 카드뉴스형 포스트를 통해
유익하고 통찰력 있는 정보들을 경험하실 수 있습니다.

STEP 1. 네이버 검색창 옆의 카메라 모양 아이콘을 누르세요.   STEP 2. 스마트렌즈를 통해 각 QR코드를 스캔하시면 됩니다.
STEP 3. 팝업창을 누르시면 메이트북스의 SNS가 나옵니다.